SSIAP 3
Immeubles de Grande Hauteur

Marcel AGNES

Ce livre appartient à :

Nom : _____

Prénom : _____

Téléphone : _____

Adresse mail : _____

Table des matières

INDEX

JORF n°0015 du 18 janvier 2012 page 946
texte n° 19

Arrêté du 30 décembre 2011 portant règlement de sécurité pour la construction des immeubles de grande hauteur et leur protection contre les risques d'incendie et de panique

NOR: IOCE1117012A

Publics concernés : les promoteurs immobiliers, voire les administrations — les immeubles de grande hauteur (IGH) sont classés en fonction de leur activité.

On distingue les classes suivantes :

- habitation (IGH A) ;

- hôtels (IGH O) ;

- enseignement (IGH R) ;

- dépôts d'archives (IGH S) ;

- sanitaires (IGH U) ;

- bureaux (IGH W) ;

- immeubles abritant plusieurs classes d'activités (IGH Z) ;

- tours de contrôle des aérogares (IGH TC).

Objet : l'arrêté réglemente la construction des immeubles de grande hauteur et les mesures de protection contre les risques d'incendie et de panique. Il abroge l'arrêté du 18 octobre 1977 (JO du 25 octobre 1977), modifié par l'arrêté du 22 octobre 1982 (JO du 22 décembre 1982). Cet arrêté a été entériné le 8 novembre 2007 par la sous-commission permanente de la Commission centrale de sécurité (CCS), tel que le prévoit l'article R. 122-4 du code de la construction et de l'habitation.

Entrée en vigueur : après le premier jour du troisième mois suivant celui au cours duquel il sera publié au Journal officiel.

Notice : l'arrêté a été rédigé pour prendre en compte les évolutions intervenues dans le mode de construction des immeubles de grande hauteur ainsi que dans la conception des installations techniques et de sécurité qui les équipent. Il fournit par ailleurs des solutions à des problématiques qui ne se posaient pas encore dans les années 1980.

L'arrêté est mis en chantier peu après l'attentat perpétré le 11 septembre 2001 au World Trade Center. Il a été fait appel à l'expertise des meilleurs spécialistes français de la construction et de l'exploitation de ces immeubles.

Les principales modifications introduites par le nouvel arrêté portent sur : les règles à respecter lors de la construction des immeubles élevés de plus de 200 mètres, dénommés « immeubles de très grande hauteur » (ITGH) ; l'introduction de la notion « d'évacuation immédiate et générale » de l'ensemble des occupants de ces immeubles, limitée jusque-là au seul étage sinistré et ceux immédiatement au-dessous et au-dessus ; la formalisation des règles d'installation des systèmes de détection et de mise en sécurité incendie ainsi que les scénarios de mise en sécurité à mettre en œuvre.

Références : article R. 122-4 du code de la construction et de l'habitation ; décret n° 2009-1119 du 16 septembre 2009 relatif aux conditions d'évacuation dans les établissements recevant du public et aux dispositions de sécurité relatives aux immeubles de grande hauteur, publié au Journal officiel du 18 septembre 2009.

La ministre de l'écologie, du développement durable, des transports et du logement, le garde des sceaux, ministre de la justice et des libertés, le ministre de l'intérieur, de l'outre-mer, des collectivités territoriales et de l'immigration, le ministre de l'économie, des finances et de l'industrie, le ministre du travail, de l'emploi et de la santé, le ministre de la culture et de la communication, le ministre de l'enseignement supérieur et de la recherche et le secrétaire d'Etat auprès de la ministre de l'écologie, du développement durable, des transports et du logement, chargé du logement,

Vu la directive 98-34 du Parlement européen et du Conseil en date du 22 juin 1998 prévoyant une procédure d'information dans le domaine des normes et réglementations techniques et des règles relatives aux services de la société de l'information, et notamment la notification n° 2007/0642/F ;

Vu le code de la construction et de l'habitation, et notamment son article R. 122-4 ;

Vu le décret n° 2009-1119 du 16 septembre 2009 relatif aux conditions d'évacuation dans les établissements recevant du public et aux dispositions de sécurité relatives aux immeubles de grande hauteur ;

Vu l'avis de la Commission centrale de sécurité en date du 8 novembre 2007,

Arrêtent :

Article 1-Afin d'assurer la sauvegarde ...

Afin d'assurer la sauvegarde de leurs occupants et de leur voisinage contre les risques d'incendie et de panique, les immeubles de grande hauteur doivent être construits et aménagés conformément aux dispositions du règlement de sécurité figurant en annexe au présent arrêté.

Article 2 – L'arrêté du 18 octobre 1977 m... est abrogé.

L'arrêté du 18 octobre 1977 modifié portant règlement de sécurité pour la construction des immeubles de grande hauteur et leur protection contre les risques d'incendie et de panique est abrogé.

Article 3 – Le présent arrêté est applicable ...

Le présent arrêté, qui sera publié au Journal officiel de la République française, est applicable aux projets dont la demande de permis de construire est déposée après le premier jour du troisième mois suivant celui au cours duquel il sera publié.

Annexe

ANNEXE

À L'ARRÊTÉ DU 30 DECEMBRE 2011 PORTANT RÈGLEMENT DE SÉCURITÉ POUR LA CONSTRUCTION DES IMMEUBLES DE GRANDE HAUTEUR ET LEUR PROTECTION CONTRE LES RISQUES D'INCENDIE ET DE PANIQUE, RÈGLEMENT DE SÉCURITÉ RELATIF AUX IMMEUBLES DE GRANDE HAUTEUR

TITRE Ier
GH : MESURES GÉNÉRALES COMMUNES À TOUTES LES CLASSES D'IMMEUBLES DE GRANDE HAUTEUR

Chapitre Ier

Dispositions générales

Article GH 1er
Généralités

§ 1. A l'exception des dispositions à caractère administratif, de celles relatives aux contrôles et aux vérifications techniques ainsi qu'à l'entretien, le présent règlement ne s'applique pas aux immeubles de grande hauteur (IGH) existants.
Lorsque des travaux de remplacement d'installation, d'aménagement ou d'agrandissement sont entrepris dans ces immeubles, les dispositions du présent règlement sont applicables aux seules parties de la construction ou des installations modifiées.
Toutefois, si ces modifications ont pour effet d'accroître le risque de l'ensemble de l'immeuble de grande hauteur, des mesures de sécurité complémentaires peuvent être imposées après avis de la commission de sécurité.

§ 2. Conformément aux prescriptions de l'article R. 122-4 du code de la construction et de l'habitation, les dispositions du présent titre comportent les prescriptions générales communes aux diverses classes d'immeubles.
Le titre II définit les dispositions complémentaires relatives au classement des immeubles de grande hauteur où sont installées plusieurs activités et à l'indépendance prévue à l'article R. 122-2 du code précité.
Elles sont complétées par les dispositions particulières propres à chaque classe d'immeuble de grande hauteur insérées au titre III ci-après.
En application de l'article R. 4216-1 du code du travail, les dispositions des sections concernées de ce code ne s'appliquent pas dans le cadre du présent règlement.

§ 3. Pour l'application du présent règlement, ne sont pas considérés comme niveaux, au sens de l'article R. 122-2 du code de la construction et de l'habitation, les locaux ou groupes de locaux techniques qui couvrent une emprise inférieure à cinquante pour cent du niveau courant et qui sont accessibles uniquement depuis la terrasse.

§ 4. Une seule mezzanine est autorisée par compartiment ; sa surface est prise en compte dans le calcul de la superficie du compartiment.
En atténuation de l'article GH 9, les éventuelles mezzanines situées à l'intérieur des compartiments et répondant aux dispositions de l'article CO 11, § 4, du règlement de sécurité des établissement recevant du public, ne sont pas soumises à l'exigence de stabilité au feu de l'immeuble, sous réserve de vérification qu'il n'existe pas de risque d'effondrement en chaîne en cas de ruine de la mezzanine.

§ 5. Lorsque la conformité à une norme française ou à une norme européenne non harmonisée est exigée par le présent règlement, cette exigence ne s'applique pas aux produits fabriqués conformément aux normes, spécifications techniques ou procédés de fabrication d'un Etat membre de la Communauté européenne ou d'un autre Etat partie à l'accord instituant l'Espace économique européen ou de la Turquie qui permettent d'assurer un niveau de protection contre l'incendie équivalent.
Toutefois, un produit peut se voir refuser la mise sur le marché ou être retiré du marché si celui-ci n'assure pas ce niveau de protection. Ces décisions sont précédées d'une procédure contradictoire.

§ 6. Lorsqu'une certification de produit, telle que l'admission à la marque NF, est exigée par le présent règlement, cette exigence ne s'applique pas aux produits dont l'équivalence du niveau de protection contre l'incendie a été certifiée dans un Etat membre de la Communauté européenne ou dans un autre Etat partie à l'accord instituant l'Espace économique européen ou en Turquie. Cette équivalence s'apprécie notamment en termes d'aptitude à l'emploi dans les systèmes de protection contre l'incendie mentionnés dans le présent règlement. L'organisme certificateur est accrédité selon la norme NF EN 45011 par un organisme signataire de l'accord européen multilatéral pris dans le cadre de la coordination européenne des organismes d'accréditation. Il délivre des attestations de conformité selon les exigences du guide ISO/CEI 65.

§ 7. Lorsque des produits sont soumis au marquage CE, tout élément de preuve de conformité autre que celle permettant ce marquage mentionné dans le présent règlement cesse d'être exigible à compter de la date d'entrée en vigueur de cette obligation de marquage.
Au cours de la période dite de coexistence pendant laquelle les producteurs peuvent utiliser les spécifications techniques françaises ou les spécifications techniques européennes, la preuve de la conformité de ces produits par référence aux spécifications techniques françaises est admise.

§ 8. Lorsqu'ils ont été effectués sur la base d'un référentiel commun, les essais pratiqués par les laboratoires d'autres Etats membres de la Communauté européenne ou d'Etats parties à l'accord instituant l'Espace économique européen ou de la Turquie, accrédités selon la norme NF EN ISO/CEI 17025 par un organisme signataire de l'accord européen multilatéral pris dans le cadre de la coordination européenne des organismes d'accréditation sont acceptés au même titre que les essais pratiqués par les laboratoires français accrédités.

Article GH 2 Activités autorisées

En application de l'article R. 122-7 du code de la construction et de l'habitation et des dispositions du code de l'environnement, les installations suivantes sont autorisées :
— groupes électrogènes ;
— installations de production de chaud et de froid ;
— onduleurs ;
— transformateurs.

Article GH 3
Terminologie

§ 1. Les indications de résistance et de réaction au feu dont il sera fait état dans le présent règlement se réfèrent aux articles R. 121-1 à R. 121-13 du code de la construction et de l'habitation et aux textes en vigueur (1). Le propriétaire est en mesure de justifier, notamment lors des visites des commissions de sécurité et lors des vérifications techniques réalisées par les organismes agréés, que les matériaux et éléments de construction utilisés ont un classement en réaction ou en résistance au feu au moins égal aux classements fixés dans la suite du présent règlement.
Lorsqu'une exigence de résistance au feu exprimée selon les classes européennes est introduite, l'exigence REI peut être réduite à EI si l'élément considéré n'a pas de fonction porteuse.

§ 2. Pour l'application du présent règlement, on appelle :
— alarme générale du compartiment : signaux diffusés dans le but d'avertir les occupants du compartiment d'avoir à évacuer les lieux. Il existe au moins un signal sonore ;
— alerte : action de demander l'intervention d'un service de secours et de lutte contre l'incendie ; On peut distinguer :
— l'alerte intérieure : d'un point de l'immeuble vers le service de sécurité de l'établissement ;
— l'alerte extérieure : de l'immeuble vers les services publics de secours et de lutte contre l'incendie ;
— alimentation normale : alimentation provenant de la source normale ;
— alimentation de remplacement : alimentation provenant de la source de remplacement ;
— alimentation électrique de sécurité (AES) : dispositif qui fournit l'énergie électrique nécessaire au fonctionnement des installations de sécurité visées ci-après afin de leur permettre d'assurer leur fonction aussi bien en marche normale, lorsque l'énergie provient de la source normale-remplacement, qu'en marche en sécurité lorsque l'énergie provient de la source de sécurité. L'alimentation électrique de sécurité est dite spécifique si elle n'alimente qu'une seule des installations de sécurité et non spécifique si elle en alimente plusieurs ;
— ascenseur : appareil qui dessert des niveaux définis, à l'aide d'une cabine qui se déplace soit le long de guides rigides soit selon une course parfaitement définie dans l'espace en l'absence de tels guides. Il est destiné au transport de personnes, de personnes et d'objets, d'objets, uniquement si la cabine est accessible, c'est-à-dire si une personne peut y pénétrer sans difficulté, et qu'elle est équipée d'éléments de commande situés à l'intérieur de la cabine ou à la portée de la personne qui s'y trouve ;
— câble non propagateur de l'incendie ou C1, câble non propagateur de la flamme ou C2, câble résistant au feu ou CR 1 : les classifications de comportement au feu des câbles et conducteurs électriques (C1, C2, C3, CR 1, CR 2) lors d'incendie d'origine extérieure aux câbles, auxquelles se réfère le présent règlement, sont fixées par l'arrêté du 21 juillet 1994 modifié portant classification et attestation du comportement au feu des conducteurs et câbles électriques, et agrément des laboratoires d'essais ;
— canalisation électrique : ensemble constitué par un ou plusieurs conducteurs électriques et par les éléments assurant leur fixation ainsi que, le cas échéant, par leur protection mécanique ;
— charge calorifique : somme des énergies calorifiques (exprimée en MJ) pouvant être dégagées par la combustion complète de l'ensemble des matériaux incorporés dans la construction ou situés dans un local (revêtements, mobilier et agencement). On peut définir une charge calorifique par unité de surface au sol ou densité de charge calorifique (MJ/m2) ;
— cheminement technique protégé : galerie technique, gaine, caniveau ou vide de construction dont le volume est protégé d'un incendie extérieur, de telle manière que les canalisations ou équipements qui l'empruntent puissent continuer d'assurer leur service pendant un temps déterminé ;
— circulation horizontale commune (CHC) : circulation horizontale qui relie l'ensemble des dispositifs d'accès aux escaliers, les paliers d'ascenseurs et les dispositifs d'intercommunication entre compartiments lorsqu'ils existent. Les halls sont assimilés à des CHC ;
— circulation horizontale privative : circulation qui présente l'une ou l'autre des caractéristiques suivantes

:
— cheminement délimité par un cloisonnement pouvant ne présenter aucune caractéristique de résistance au feu ;
— zone de circulation ou cheminement, non délimité par un cloisonnement, mais dont la conception et le balisage permettent aux personnes qui les empruntent de gagner la sortie sans hésiter sur la direction à suivre.
Une circulation horizontale privative est obligatoire dans une surface paysagère de plus de 300 m² ;
— commission de sécurité : vaut pour la sous-commission ERP/IGH de la commission consultative départementale de sécurité et d'accessibilité ;
— dégagements : les dégagements comprennent les escaliers et leurs dispositifs d'accès, les circulations horizontales ;
— élément de construction primaire porteur : élément de construction dont la ruine entraîne la ruine de l'ensemble de la structure ;
— espace d'attente sécurisé : emplacement réalisé de façon à permettre l'accès et le stationnement d'un fauteuil roulant pour personne à mobilité réduite sans causer une gêne pour l'évacuation des autres occupants. Il est repéré au moyen d'une signalisation adaptée et comporter des consignes appropriées afin d'informer sur la conduite à tenir le cas échéant. Il dispose d'un éclairage de sécurité et d'une liaison phonique permettant à la personne en situation de handicap de signaler sa présence au service de sécurité incendie et d'assistance à personnes de l'immeuble.
L'espace d'attente sécurisé peut être placé :
— soit dans un dispositif d'intercommunication entre une circulation horizontale commune et un escalier ;
— soit à proximité immédiate du dispositif d'intercommunication précité dans des conditions équivalentes ayant fait l'objet d'un avis favorable de la commission de sécurité ;
— évacuation : action visant à permettre aux occupants de quitter un compartiment où est localisé un incendie ou tout autre événement pouvant porter atteinte à leur sécurité ;
— évacuation de première phase : en cas de diffusion de l'alarme, les occupants du compartiment concerné rejoignent un compartiment où ils seront à l'abri des effets d'un incendie ou de tout autre événement pouvant porter atteinte à leur sécurité ;
— évacuation de deuxième phase : les occupants ayant réalisé une évacuation de première phase peuvent rejoindre le niveau d'évacuation à l'extérieur de l'immeuble par les ascenseurs et les escaliers ;
— évacuation générale : évacuation de l'ensemble des occupants à l'extérieur de l'immeuble, à l'exception du service de sécurité incendie et d'assistance à personnes ;
— installations de sécurité : installations qui sont mises ou maintenues en service en cas d'incendie ou en cas de défaillance de la source normale-remplacement, pour assurer la sécurité des personnes. Elles comprennent :
— l'éclairage minimal : partie de l'éclairage maintenue en service en cas de défaillance de la source normale-remplacement ;
— les installations du système de sécurité incendie (SSI) visées à l'article GH 49, y compris les ventilateurs de désenfumage ;
— les ascenseurs ainsi que le non-arrêt de ces appareils dans le compartiment sinistré ;
— les secours en eau (surpresseurs d'incendie, pompes de réalimentation en eau, compresseurs d'air des systèmes d'extinction automatique à eau, etc.) ;
— les pompes d'exhaure ;
— la ventilation mécanique éventuelle des locaux de transformation et des locaux renfermant des batteries d'accumulateurs ;
— les télécommunications de l'immeuble, visées à l'article GH 50 ;
— la climatisation des locaux de service électrique ;
— la ventilation du local du groupe électrogène ;
— le système de ventilation mécanique ou de conditionnement d'air des locaux de machineries d'ascenseurs ;
— monte-charge : équipement de levage desservant des niveaux définis, comportant une cabine dont l'intérieur est considéré inaccessible aux personnes en raison de ses dimensions et de sa constitution ;
— non-occupation : la situation de non-occupation d'un immeuble de grande hauteur est considérée

atteinte lorsque l'effectif des personnes présentes dans tous les compartiments est inférieur à une personne pour 100 m² de surface hors œuvre nette. En général, un immeuble de grande hauteur de classe W peut être considéré en période de non-occupation en dehors des heures ouvrées et des heures de présence des services de nettoyage. Toutefois, pour le cas particulier où les activités normales dans un ou plusieurs compartiments s'exercent en dehors des heures habituellement ouvrées (filiales travaillant en même temps que les maisons mères avec un décalage horaire par exemple), l'appréciation de la notion de non-occupation est soumise à l'avis de la commission de sécurité ;

— permis de feu : document autorisant l'exécution de travaux par points chauds. Il a pour but de prendre toute mesure de prévention contre les risques d'incendie ou d'explosion à l'occasion de travaux et de définir les moyens et mesures nécessaires pour prévenir et lutter contre tout début d'incendie pouvant intervenir à cette occasion. Le permis de feu est signé par le maître d'ouvrage ou son représentant qualifié, un représentant du service de sécurité incendie (SSIAP 2 minimum) et par l'opérateur. Un exemplaire est remis à chaque signataire. La validité du permis de feu est précisée ; elle est limitée à un jour ou une opération. Dans ce dernier cas, la durée maximale de validité est de cinq jours au-delà desquels le permis de feu est renouvelé ;

— propriétaire : terme valant pour le propriétaire, le copropriétaire et le syndicat des copropriétaires ;

— règlement de sécurité des établissement recevant du public : règlement de sécurité contre les risques d'incendie et de panique dans les établissements recevant du public pris par arrêtés du ministre de l'intérieur en application de l'article R.* 123-12 du code de la construction et de l'habitation ;

— revêtement : produit ou ensemble de produits rapportés sur un élément de construction ou d'ouvrage désigné support ;

— source normale : source constituée par un raccordement au réseau électrique de distribution publique haute tension ou basse tension ou une production interne autonome ;

— source de remplacement : source délivrant l'énergie électrique permettant de poursuivre tout ou partie de l'exploitation de l'immeuble de grande hauteur en cas de défaillance de la source normale. Dans la suite du présent règlement, l'ensemble constitué par la source normale et la source de remplacement est appelé « source normale-remplacement » ;

— source de sécurité : source prévue pour maintenir le fonctionnement des matériels concourant à la sécurité contre les risques d'incendie et de panique en cas de défaillance de la « source normale-remplacement » ;

— système de sécurité incendie (SSI) : ensemble des matériels servant à collecter toutes les informations ou ordres liés à la seule sécurité incendie, à les traiter et à effectuer les fonctions nécessaires à la mise en sécurité incendie d'un bâtiment. Dans sa version la plus complexe, un SSI est composé de deux sous-systèmes principaux : un système de détection incendie (SDI) et un système de mise en sécurité incendie (SMSI). Tout SSI est conforme aux dispositions du chapitre XI, section V règlement de sécurité des établissement recevant du public ;

— tableau électrique : ensemble de dispositifs de commande, de protection, de distribution de l'énergie électrique regroupés sur un même support. Il peut être enfermé dans une enveloppe telle que : armoire, coffret.
Il est dit « de sécurité » lorsque les dispositifs précités concernent exclusivement les installations de sécurité.
Il est dit « normal » dans le cas contraire.
Il est dit « normal-remplacement » lorsqu'il peut être alimenté par la source normale ou par la source de remplacement.
Les dispositifs de commande même groupés ne constituent pas un tableau ;

— temps de commutation : intervalle de temps entre le moment où apparaît une défaillance de l'alimentation normale et le moment où la tension est disponible aux bornes de sortie de la source de sécurité ;

— volet de transfert : dispositif d'obturation autocommandé constituant un dispositif actionné de sécurité (DAS), placé au droit d'une bouche de transfert entre un dispositif d'intercommunication et une circulation horizontale commune ;

— volume technique protégé : local ou placard dont le volume est protégé d'un incendie extérieur de telle manière que les matériels qu'il contient puissent continuer d'assurer leur service pendant un temps

déterminé. Ce volume est exclusivement réservé à cet effet et ne sert pas de dépôt.
Les autres termes techniques cités dans la suite du présent règlement trouvent leurs définitions dans le règlement de sécurité des établissements recevant du public et ses instructions techniques.

(1) Arrêté du 10 septembre 1970 relatif aux façades, arrêté du 21 novembre 2002 modifié relatif à la réaction au feu des produits de construction et d'aménagement et arrêté du 22 mars 2004 modifié relatif à la résistance au feu des produits, éléments de construction et d'ouvrages.

Article GH 4
Documents, contrôles et vérifications techniques

§ 1. Au moment de la conception, la notice de sécurité accompagnant le dossier fourni à l'occasion de travaux ou de changement d'affectation et soumis à l'avis de la commission de sécurité, est rédigée dans l'ordre des articles du présent règlement et faire référence explicite à ces articles ainsi qu'à tous les documents techniques complémentaires. La notice technique décrit les façades et les principes des installations techniques et de sécurité suivantes : la production et la distribution d'électricité, haute, basse et moyenne tension, la distribution de l'eau, le conditionnement d'air, la ventilation, le désenfumage, le chauffage, l'aménagement des locaux techniques et les moyens de secours. Les documents graphiques ainsi que les plans, coupes et élévations de façades nécessaires à une bonne lisibilité du projet sont joints à la notice de sécurité.
Avant le début des travaux portant sur les façades et les installations techniques, le maître d'ouvrage complète la notice technique en y précisant les renseignements de détail sous la forme décrite par le règlement de sécurité des établissements recevant du public et en y joignant la liste des documents définis dans les chapitres correspondants du règlement précité. Cette notice et cette liste sont communiquées à la commission de sécurité.

§ 2. Les renseignements de détail intéressant les installations techniques, fournis à l'occasion de travaux ou de changement d'affectation et soumis à l'avis de la commission de sécurité, sont complétés et fournis par le constructeur ou le propriétaire avant le début des travaux portant sur ces installations. Ils sont présentés, pour chacune des installations, sous la forme décrite par le règlement de sécurité des établissements recevant du public. Ils sont accompagnés de la liste des documents fixés par les chapitres du règlement de sécurité précité et sont communiqués à la commission de sécurité.

§ 3. En application des articles R. 122-23 et R. 122-28 du code de la construction et de l'habitation, la commission de sécurité visite l'immeuble selon la fréquence fixée ci-dessous :

GH A : 3 ans ;
GH O : 3 ans ;
GH R : 5 ans ;
GH S : 5 ans ;
GHTC : 5 ans ;
GH U : 2 ans ;
GH W : 5 ans ;
GH Z : 3 ans ;
ITGH : 3 ans.

Pour les immeubles abritant plusieurs classes d'activités, la périodicité applicable est celle qui correspond à la classe d'activité pour laquelle cette périodicité est la plus rapprochée.

La fréquence de ces contrôles peut être modifiée, s'il est jugé nécessaire, par arrêté du maire ou du préfet, après avis de la commission de sécurité.

§ 4. Une ampliation des décisions prises par le maire à l'issue des visites de contrôle prévues par l'article R. 122-28 du code de la construction et de l'habitation, est transmise au préfet.

§ 5. Pour le visa du maire, prévu par l'article R. 122-29 du code de la construction et de l'habitation, le registre de sécurité est accompagné des deux derniers rapports de vérifications techniques établis, pour chaque catégorie d'installation, en fonction de la périodicité définie à l'article GH5.

Article GH 5
Vérifications techniques par des organismes agréés

Les propriétaires font effectuer, dans les conditions définies ci-après, des vérifications techniques par des organismes visés à l'article R. 122-16 du code de la construction et de l'habitation.
Les vérifications techniques concernant un même type d'installation, hormis les vérifications de la charge calorifique, sont exécutées dans l'ensemble de l'immeuble sous la responsabilité d'un même organisme agréé.

§ 1. Obligations du maître d'ouvrage ou du propriétaire :

Le maître d'ouvrage ou le propriétaire communique aux vérificateurs, sur support papier, la notice de sécurité, les plans et les renseignements de détail concernant les installations techniques, les prescriptions imposées par le permis de construire ou l'autorisation de travaux, ainsi que l'historique des principales modifications effectuées et les prescriptions notifiées à la suite des visites de contrôle des commissions de sécurité.
Ces vérifications sont réalisées conformément aux dispositions ci-dessous :

§ 2. Vérifications à l'occasion de travaux :

Les vérifications dans les immeubles de grande hauteur neufs ou ayant fait l'objet de travaux sont réalisées à l'issue des visites effectuées pendant la phase construction par les vérificateurs techniques au sein de l'immeuble de grande hauteur. Au cours de ces visites, ils réalisent des examens par sondage et s'assurer que les constructeurs et les installateurs ont effectué les autres vérifications et essais exhaustifs qui leur incombent.
Le résultat de ces visites permet de fournir à un maître d'ouvrage ou à un propriétaire, dans le cadre d'un référentiel préalablement défini, l'évaluation de la conformité de l'objet vérifié en fin de travaux par rapport aux dispositions réglementaires. Cette évaluation est effectuée selon les méthodes suivantes :
— examen des documents de conception et d'exécution ;
— examen des justificatifs fournis (procès-verbaux de classement de comportement au feu des matériaux et éléments de construction, attestations de conformité, certificats de conformité, plans et schémas, notes de calcul, etc.).
Ces vérifications font l'objet d'un rapport de vérifications réglementaires après travaux (RVRAT).

§ 3. Vérifications dans les immeubles de grande hauteur existants :

3.1. Elles sont réalisées selon la périodicité ci-dessous et consistent à vérifier :

3.1.1. Tous les six mois :
— le fonctionnement des ascenseurs équipés de dispositifs d'appel prioritaire. Cette vérification se fait en

présence de l'entreprise chargée de l'entretien de ces ascenseurs.

3.1.2. **Tous les ans** :

— les installations électriques et l'éclairage des parties communes (au titre de la protection des travailleurs et du présent arrêté) ;
— le fonctionnement des ascenseurs non équipés de dispositifs d'appel prioritaire. Cette vérification se fait en présence de l'entreprise chargée de l'entretien de ces ascenseurs ;
— les scénarios du système de sécurité incendie ;
— l'ensemble des dispositifs actionnés de sécurité ;
— les conditions d'exploitation du SSI ;
— les exutoires de désenfumage des escaliers et 20 % des ouvrants de désenfumage de secours ;
— les vitesses, débits et pressions des installations de désenfumage mécanique de 20 % des compartiments ; lorsqu'il est prévu ci-dessus de vérifier 20 % des ouvrants ou des compartiments par an, la totalité de ces ouvrants ou compartiments est vérifiée dans un délai de cinq ans ;
— les moyens d'extinction prévus aux articles GH 51 à GH 55 ;
— les interphones, les moyens de liaisons phoniques prévus à l'article GH 63 et les moyens de télécommunication de sécurité ;
— le déverrouillage des issues ;
— l'ouverture des portes automatiques coulissantes de l'immeuble ;
— les autres équipements ayant une fonction de sécurité incendie non cités par ailleurs ;
— les installations d'appareils de cuisson ou de réchauffage destinés à la restauration dans les conditions fixées à l'article GC 22 du règlement de sécurité des établissements recevant du public ;
— les installations de chauffage et de cuisine telles qu'elles sont prévues au § 2 des articles CH 58 et GZ 30 du règlement de sécurité des établissements recevant du public ;

3.1.3. **Tous les deux ans** :

— les paratonnerres ;

3.1.4. **Tous les cinq ans** :

— les évaluations de la charge calorifique visée à l'article GH 61.
3.2. Ces vérifications sont effectuées afin d'informer le propriétaire, par des observations clairement définies, de l'état des installations par rapport au risque d'incendie, afin qu'il prenne toutes dispositions pour remédier aux anomalies constatées.
Ces vérifications, dont le contenu est défini dans les articles spécifiques du présent règlement de sécurité, ont pour objet de s'assurer, selon le cas :
— de l'existence des moyens nécessaires à l'entretien et la maintenance des installations et équipements (techniciens désignés, contrats d'entretien, notices, livrets d'entretien, etc.) ;
— de l'état d'entretien et de maintenance des installations ;
— du bon fonctionnement des installations de sécurité ;
— de l'existence, du bon fonctionnement, du réglage ou de la manœuvre des dispositifs de sécurité, sous réserve que les vérifications ne nécessitent pas de procéder à des essais destructifs ;
— de l'adéquation de l'installation avec les conditions d'exploitation de l'immeuble de grande hauteur ;
— de la conformité aux dispositions réglementaires en matière de charge calorifique.
A cet effet, le propriétaire communique à l'organisme de vérifications agréé les prescriptions notifiées à la suite de visites de contrôle des commissions de sécurité, le registre de sécurité et les documents techniques nécessaires.

Les vérifications dans un immeuble de grande hauteur existant peuvent être effectuées selon le cas :
— par l'examen des documents afférents à l'entretien et à la maintenance ;
— par l'examen visuel des parties accessibles ou rendues accessibles à la demande du vérificateur ;

— par des essais de fonctionnement.

Elles ne se substituent pas aux vérifications réglementaires réalisées à l'occasion de travaux neufs, d'aménagements ou de modifications.
Ces vérifications font l'objet d'un rapport de vérifications réglementaires en exploitation (RVRE).

§ 4. Les vérifications dans les immeubles de grande hauteur existants sur mise en demeure :
Les vérifications effectuées à la suite d'une mise en demeure de l'autorité administrative après avis de la commission de sécurité, consistent :

— à effectuer les vérifications de bon état et de bon fonctionnement de tout ou partie des équipements ou installations désignés ;
— à vérifier la conformité ou la capacité des installations techniques à satisfaire aux exigences réglementaires applicables ou à des prescriptions particulières ;
— à vérifier la conformité ou la capacité des dispositions constructives à satisfaire aux exigences réglementaires ou à des prescriptions particulières.

La commission de sécurité précise l'objet, la nature et le référentiel des vérifications demandées.
Ces vérifications font l'objet d'un rapport de vérifications réglementaires sur mise en demeure (RVRMD).

§ 5. Les rapports de vérifications techniques réglementaires en immeuble de grande hauteur sont rédigés conformément aux dispositions figurant en appendice au présent chapitre.

§ 6. Dès qu'il en a le signalement, le propriétaire fait remédier à l'indisponibilité des équipements de sécurité. Dans un délai d'un mois suivant leur vérification, le cas échéant, il prend toutes les dispositions nécessaires à la remise en état des diverses installations.

Appendice relatif aux rapports de vérifications techniques

Les différents rapports de vérifications :

1.   Le rapport de vérifications réglementaires après travaux (RVRAT).

      Le RVRAT comporte au minimum deux parties :
      — des renseignements d'ordre général et administratif concernant l'immeuble de grande hauteur ;
      — les avis émis par le(s) vérificateur(s) technique(s) en application du référentiel cité à l'article GH 5, § 2.

1.1. Renseignements d'ordre général et administratif devant figurer en tête du rapport :

      Identification de l'organisme agréé ;
      — référence à l'organisme d'accréditation (logo, acronyme...) des organismes accrédités ;
      — identification du maître d'ouvrage et/ou du propriétaire ;
      — identification du(es) vérificateur(s) ;
      — date de la fin des vérifications ;
      — date d'émission du rapport ;
      — désignation et adresse de l'immeuble de grande hauteur ;
      — caractéristiques de l'immeuble de grande hauteur :
      — classement : selon l'usage fait de l'immeuble de grande hauteur, en précisant le cas échéant le(s) type(s) et catégorie(s) des établissements recevant du public qui y sont intégrés ;
      — description sommaire des installations techniques (notamment, pour les installations électriques, préciser s'il s'agit de sources normales, de remplacement, ou de sécurité) ;
      — réglementation applicable ;

— nature et étendue de la mission confiée à l'organisme agréé ;
— nature et étendue des vérifications effectuées ;
— identification des matériels de mesure ou d'essai utilisés ;
— références du rapport ;
— liste des documents examinés.

1.2. Avis relatifs à la conformité.

1.2.1. Forme des avis.

Les avis sont émis sous l'une des formes suivantes :

— conforme (C) ;
— non conforme (NC) ;
— sans objet (SO) ;
— hors mission (HM) ;
— pour mémoire (PM).

NC : Les avis NC sont délivrés lors du constat d'écarts entre les exigences réglementaires et les travaux réalisés. Ils correspondent également à des prestations non achevées dont l'évaluation ne peut, de fait, pas être réalisée ou en l'absence d'un ou plusieurs documents justificatifs destinés au maître d'ouvrage.

SO : Les avis SO sont émis lorsque l'immeuble de grande hauteur ne comporte pas certaines dispositions ou installations techniques mentionnées dans le règlement de sécurité ; le vérificateur peut regrouper plusieurs articles, voire des sections ou chapitres sur une seule ligne lorsque les dispositions qui y sont visées sont sans objet.

HM : L'indication HM s'applique aux articles du règlement dont la vérification n'a pas été confiée à l'organisme agréé.

PM : L'indication PM s'applique aux articles du règlement qui ne nécessitent pas d'évaluation de conformité dans le cadre de la mission.

1.2.2. Emission des avis.

Les avis relatifs à la conformité sont émis dans l'ordre des dispositions générales du règlement de sécurité suivies des dispositions particulières ou avec insertion des dispositions particulières dans les dispositions générales afférentes.

Pour ce qui concerne les travaux d'aménagement ou de transformation d'un immeuble de grande hauteur existant, les seuls articles cités sont ceux de la partie du référentiel concernée par les travaux.
Les avis relatifs aux non-conformités font l'objet d'un commentaire explicatif. Une liste complète de ces avis de non-conformités ainsi que leurs commentaires explicatifs, numérotée en une série unique avec localisation des parties d'installations concernées, est établie en début ou fin de rapport.

Le contenu du rapport est complété, le cas échéant :
— par des documents fournis par le maître d'ouvrage ou le propriétaire :
— attestation par laquelle le maître de l'ouvrage ou le propriétaire certifie avoir fait effectuer l'ensemble des contrôles techniques relatifs à la solidité et à la sécurité des personnes, conformément aux textes en vigueur ;
— attestation du bureau de contrôle précisant que la mission solidité a bien été exécutée. Cette attestation est complétée par les relevés des conclusions des rapports de contrôle, attestant la solidité de

l'ouvrage ;
— par le rappel des prescriptions annexées au permis de construire ou à l'autorisation de travaux, dans la mesure où celles-ci viennent en atténuation ou en aggravation des dispositions du règlement de sécurité.

Les autres formes d'émission d'avis peuvent faire l'objet, le cas échéant, d'une explication ou d'une observation complémentaire.

2. Le rapport de vérifications réglementaires en exploitation (RVRE).

Il comporte au minimum deux parties :
— des renseignements généraux et administratifs concernant l'immeuble de grande hauteur ;
— les constats émis par le(s) vérificateur(s) technique(s).

2.1. Renseignements d'ordre général et administratif :
— identification du propriétaire ;
— références du rapport ;
— désignation et adresse de l'immeuble de grande hauteur ;
— classement : selon l'usage fait de l'immeuble de grande hauteur, en précisant le cas échéant le(s)type (s) et catégorie(s) des établissements recevant du public qui y sont intégrés ;
— identification de l'organisme agréé ;
— référence à l'organisme d'accréditation (logo, acronyme...) des organismes accrédités ;
— identification du (des) vérificateur(s) ;
— description sommaire de l'immeuble de grande hauteur et de(s) l'installation(s) vérifiée(s) comprenant l'historique des principales modifications déclarées par l'exploitant ;
— nature et étendue de la vérification effectuée ;
— date de la vérification ;
— date de l'émission du rapport ;
— identification des matériels de mesure ou d'essai utilisés ;
— existence de mise à jour ou non du registre de sécurité.

2.2. Résultat des vérifications.

2.2.1. Forme des avis :

Chaque installation ou partie d'installation vérifiée fait l'objet d'un des avis suivants :
— satisfaisant (S) ;
— non satisfaisant (NS) ;
— non vérifié (NV).

S : L'avis S exprime le constat d'un maintien de l'état de conformité, acquis lors de la mise en service ou après une transformation importante, d'un immeuble de grande hauteur ou d'une installation. Il valide un fonctionnement, un entretien et une maintenance des installations et des équipements en adéquation avec les conditions d'exploitation de l'établissement.

Lorsque le vérificateur ne dispose pas des éléments lui permettant d'établir avec certitude le référentiel réglementaire applicable à tout ou partie de l'objet de sa mission, le maintien à l'état de conformité est apprécié par rapport aux dispositions réglementaires en vigueur. Dans ce cas, s'il est constaté un écart, celui-ci ne peut conduire à un avis satisfaisant que s'il ne reflète pas une situation risquant de compromettre la sécurité des occupants.

NV : La non-vérification de l'installation, ou de parties de vérifications, pour des raisons d'exploitation ou d'inaccessibilité est signalée et motivée au sein du rapport.
NS : Cas ne faisant pas l'objet d'un avis satisfaisant ou non vérifié.

2.2.2. Emission des avis :

Les anomalies constatées lors des vérifications donnent lieu à des observations clairement formulées. Lorsque le vérificateur ne dispose pas d'un référentiel réglementaire précis, tel que défini au § 2.2 ci-dessus, l'avis formulé fait l'objet d'un commentaire suffisamment explicatif.

L'ensemble de ces observations détaillées fait l'objet d'une liste récapitulative établie en début ou fin de rapport, numérotée en une série unique, avec localisation des parties d'installations concernées. Lorsque les observations concernent un même type d'installation ou de dispositif de sécurité (clapets, volets, etc.), elles sont regroupées.

3. Les rapports de vérifications réglementaires sur mise en demeure : (RVRMD).

Le rapport comporte au minimum trois parties :
— les renseignements d'ordre général et administratif prévus au § 1.1 ci-dessus incluant les références au procès-verbal de la commission de sécurité à l'origine de la prescription ou de la mise en demeure ;
— les avis relatifs à la conformité prévus au § 1.2 ci-dessus, adaptés à la réglementation applicable au moment du dépôt de la demande de permis de construire ou d'autorisation de travaux. En l'absence des justificatifs relatifs aux classements du comportement au feu des matériaux et éléments de construction, le vérificateur procède, dans la mesure du possible, à une estimation du comportement au feu de ces matériaux et éléments de construction, et les avis sont alors ceux prévus au § 2.2 ci-dessus. En cas d'impossibilité d'évaluer la conformité, notamment lorsque cette évaluation nécessiterait des essais destructifs non autorisés par l'exploitant, le vérificateur fait apparaître les motifs de l'impossibilité dans son rapport ;
— le contenu des vérifications réglementaires en exploitation dans les conditions fixées au § 2.2 ci-dessus.

Chapitre II

Construction

Section I
Implantation et environnement

Article GH 6
Voies d'accès pour les véhicules de lutte contre l'incendie

§ 1. Les sorties des immeubles sur les niveaux accessibles aux engins des services publics de secours et de lutte contre l'incendie ne peuvent se trouver à plus de 30 mètres d'une voie ouverte à la circulation à ses deux extrémités et permettant la circulation et le stationnement de ces engins.

§ 2. Sur ces voies, un cheminement répondant aux caractéristiques minimales suivantes est réservé en permanence aux sapeurs-pompiers :

— hauteur libre : 3,50 mètres ;
— largeur de la chaussée, bandes réservées au stationnement exclues : 3,50 mètres ;
— force portante de 160 kilonewtons calculée pour un véhicule avec un maximum de 90 kilonewtons par essieu, ceux-ci étant distants de 3,60 mètres au minimum ;
— résistance au poinçonnement : 80 N/cm² sur une surface minimale de 0,20 m² ;
— rayon intérieur minimal R : 11 mètres ;
— surlargeur S = 15/R dans les virages de rayon intérieur inférieur à 50 mètres (S et R : surlargeur et rayon intérieur, étant exprimés en mètres) ;
— pente inférieure à 15 %.

§ 3. Une aire de concentration des engins de secours, publique ou privée, existe à proximité de l'immeuble. Ses caractéristiques sont déterminées en relation avec les services publics de secours et de lutte contre l'incendie.

Article GH 7
Isolement du voisinage, volume de protection

§ 1. En application des articles R. 122-2 et R. 122-9 du code de la construction et de l'habitation, un immeuble de grande hauteur est isolé des constructions voisines par un mur ou une façade verticale coupe-feu de degré deux heures ou REI 120 sur toute sa hauteur, ou par un volume de protection.

§ 2. La limite latérale du volume de protection est constituée par une surface verticale située à 8 mètres au moins de tout point des façades de l'immeuble qui ne sont pas coupe-feu de degré deux heures ou REI 120.

La limite inférieure du volume de protection est constituée soit par le sol, soit par des constructions ou parties de constructions voisines coupe-feu de degré deux heures ou REI 120.

§ 3. Un immeuble de grande hauteur ne peut être construit si la limite latérale de son volume de protection empiète sur les fonds voisins. Toutefois, il peut être dérogé à cette règle dans les cas suivants :

— le propriétaire du fonds a obtenu des propriétaires des fonds voisins la création, par acte authentique, d'une servitude conventionnelle assujettissant l'empiétement précité aux dispositions de l'article GH 8, § 3 ;

— les fonds voisins respectent les dispositions relatives à l'indépendance des volumes situés dans l'emprise d'un immeuble de grande hauteur définis au titre II, chapitre II, du présent règlement.

Article GH 8
Servitude du volume de protection

§ 1. A l'exception des constructions visées aux §s 2 et 3 ci-dessous, le volume de protection est dégagé de tout élément combustible, végétation exclue.

§ 2. Les constructions, situées en tout ou partie à l'intérieur du périmètre délimité sur le plan horizontal par la projection des éléments les plus saillants de l'immeuble de grande hauteur, respectent les dispositions applicables à cet immeuble.

Cette disposition ne s'oppose pas à la création d'établissements recevant du public aux niveaux inférieurs de l'immeuble dans les conditions définies au titre II, chapitre II, du présent règlement.

§ 3. Les autres constructions, situées en tout ou partie dans le volume de protection, répondent aux dispositions suivantes :
— le plancher bas de l'étage le plus élevé est situé à moins de 8 mètres du niveau extérieur accessible à la circulation publique des piétons ;
— les sorties sur ce niveau peuvent être atteintes en permanence à partir des voies accessibles aux engins des sapeurs-pompiers par un cheminement sûr de moins de 60 mètres. Toute dénivellation positive ou négative sur ce parcours est comptée dans le calcul de la longueur du cheminement pour une distance égale à cinq fois la différence de niveau ;
— les structures sont indépendantes de l'immeuble de grande hauteur et stables au feu de degré deux heures ou R 120 ;
— les murs extérieurs, les couvertures et les façades, situés dans le volume de protection, sont pare-flammes de degré deux heures ou RE 120. Cette disposition n'est pas applicable aux façades en retour par rapport à l'immeuble de grande hauteur conformes aux dispositions de l'article GH 13 ;
— les locaux ne peuvent abriter des installations classées interdites par l'article R. 122-7 du code de la construction et de l'habitation.

Section II - Structures

Article GH 9
Stabilité au feu

La stabilité au feu des éléments de la structure de l'immeuble (poteaux, poutres, planchers, etc.) est de degré deux heures ou R 120.

Article GH 10
Parois en contiguïté avec d'autres constructions. —
Passerelles de liaisons

§ 1. Les dispositifs de franchissement des parois de l'immeuble en contiguïté avec d'autres constructions, au nombre de deux au plus par compartiment, se situent dans les circulations horizontales communes pour l'immeuble de grande hauteur et doivent déboucher dans les parties communes pour les tiers non immeubles de grande hauteur. Ils satisfont aux dispositions de l'article GH 25.

§ 2. Les parois séparant l'immeuble de grande hauteur d'un parc de stationnement qui ne lui est pas intégré sont de degré coupe-feu quatre heures ou REI 240 dans la limite du volume de protection de l'immeuble de grande hauteur. Une seule communication avec un parc de stationnement indépendant peut être admise.

Elle débouche uniquement et directement dans le hall principal d'accès des piétons et ne peut être comptée comme dégagement d'évacuation.
Cette communication est réalisée au moyen d'un dispositif d'intercommunication coupe-feu de degré quatre heures ou EI 240, muni de deux blocs-portes, pare-flammes de degré deux heures ou E 120 et coupe-feu de degré une heure, équipés d'un ferme-porte ou EI 60 - C.

Le dispositif d'intercommunication est en surpression en cas d'incendie. Si les portes sont maintenues ouvertes pour des raisons d'exploitation, elles répondent aux dispositions de l'article CO 47, §s 1 à 3, du règlement de sécurité des établissements recevant du public.
Le système de détection incendie de l'immeuble de grande hauteur comprend un détecteur situé à l'intérieur du parc de stationnement, à proximité immédiate du dispositif d'intercommunication.

Ce détecteur commande la fermeture des portes du dispositif d'intercommunication et sa mise en surpression.
Ce dispositif d'intercommunication est placé sous la responsabilité du propriétaire de l'immeuble de grande hauteur ou de son mandataire.

§ 3. Au cas où les locaux voisins de l'immeuble présenteraient un danger d'explosion, les mesures d'isolement et les éléments de la structure de l'immeuble de grande hauteur voisins de ces locaux sont déterminés en conséquence. Toute communication, directe ou indirecte, avec l'immeuble de grande hauteur est interdite.

§ 4. La mise en place de passerelles de liaison entre un immeuble de grande hauteur et un bâtiment en vis-à-vis est autorisée à condition de respecter les dispositions suivantes :
— le nombre de passerelles est limité à deux par compartiment ;

— elles aboutissent dans une circulation horizontale commune ;

— elles sont stables au feu de degré une demi-heure ou R 30 ;

— l'accès à la passerelle depuis l'immeuble de grande hauteur se fait au travers d'un dispositif d'intercommunication conforme aux dispositions de l'article GH 25, § 6, à l'exception du système d'extinction automatique de type sprinkleur prévu dans les compartiments ; lorsque la passerelle relie un immeuble de grande hauteur à un bâtiment non immeuble de grande hauteur, l'accès à la passerelle depuis cet autre bâtiment se fait au travers d'un dispositif d'intercommunication coupe-feu de degré une demi-heure équipé d'un ferme-porte ou EI 30 - C ;

— aucun local ne débouche sur la passerelle ;

— seules les dispositions définies à l'article GH 13 s'appliquent en ce qui concerne les parois des passerelles ;

— chaque passerelle dispose d'au moins un exutoire permettant l'évacuation des fumées tel que défini à l'article GH 29, § 3. Cette disposition ne s'applique pas lorsque la passerelle relie deux immeubles de grande hauteur ;

— une passerelle ne peut être comptée comme dégagement d'évacuation et elle ne comporte aucun local, aménagement, dépôt ou matériau constituant une charge calorifique appréciable ;

— le dispositif d'intercommunication éventuel et la maintenance de la passerelle sont placés sous la responsabilité du propriétaire de l'immeuble de grande hauteur ou de son mandataire.

En complément, le système de détection automatique d'incendie de l'immeuble de grande hauteur comprend un détecteur situé à proximité immédiate du dispositif d'intercommunication, côté passerelle. La sensibilisation de ce détecteur commande la fermeture des portes du dispositif d'intercommunication. Ce dispositif d'intercommunication est placé sous la responsabilité du propriétaire de l'immeuble de grande hauteur ou de son mandataire.

Article GH 11
Parcs de stationnement intégrés
et locaux dangereux situés dans l'immeuble

§ 1. Un parc de stationnement qui fait partie intégrante de l'immeuble de grande hauteur tel que défini à l'article R. 122-2 du code de la construction et de l'habitation répond :

— aux dispositions générales définies aux articles R. 122-9 et R. 122-10 du code de la construction et de l'habitation ;

— aux dispositions techniques, non contradictoires ni atténuantes, fixées au chapitre VI du livre IV du règlement de sécurité des établissements recevant du public, à l'exception des §s 2 et 3 de l'article PS 9 ;

— aux dispositions suivantes, nonobstant les mesures définies dans les règlements de sécurité précités :

— le respect des mesures de sécurité incendie dans le parc de stationnement couvert est assuré par le propriétaire de l'immeuble de grande hauteur ou son mandataire ;

— les locaux techniques non liés à l'exploitation du parc de stationnement ne peuvent pas communiquer avec l'intérieur du parc ;

— la détection automatique d'incendie est généralisée à l'ensemble du parc. La sensibilisation d'un détecteur dans le parc entraîne uniquement et sans temporisation le fonctionnement des dispositions prévues à l'article PS 27, § 2b ;

— en dérogation aux dispositions de l'article PS 18, § 4.4, les commandes manuelles de désenfumage sont regroupées à l'intérieur du poste central de sécurité incendie ;

— les planchers et les parois verticales séparant le parc de stationnement du reste de l'immeuble de grande hauteur sont coupe-feu de degré deux heures ou REI 120 ;

— un système d'extinction automatique de type sprinkleur, conforme aux dispositions de l'article MS 25 du règlement de sécurité des établissements recevant du public, est mis en place ;

— chaque compartiment du parc comporte une circulation horizontale commune ;

— les parois séparant la circulation horizontale commune de la zone réservée au stationnement et à la

circulation sont coupe-feu de degré deux heures ou REI 120. L'accès à une circulation horizontale commune depuis le parc est réalisé au moyen d'un dispositif d'intercommunication coupe-feu de degré deux heures ou REI 120 muni de blocs-portes pare-flammes de degré une heure, équipés de ferme-portes ou à fermeture automatique asservie à la détection automatique d'incendie ou E 60 - C ;
— les robinets d'incendie armés et les orifices des colonnes sèches ou en charge sont placés dans ces circulations, à proximité des dispositifs d'accès au parc, et ne constituent pas un obstacle pour les personnes ;
— si des escaliers complémentaires à ceux desservant les autres niveaux de l'immeuble sont installés afin de répondre aux dispositions de l'article PS 13 et s'ils ne sont pas desservis par une circulation horizontale commune, ils sont protégés par une paroi coupe-feu de degré deux heures ou REI 120 et mis en surpression dans les conditions définies dans l'instruction technique relative au désenfumage dans les immeubles de grande hauteur ;
— si ces escaliers débouchent dans le volume de protection de l'immeuble, la porte de sortie est coupe-feu de degré une heure ou EI 60.
En atténuation, les exigences de stabilité au feu prévues au chapitre VI du livre IV précité peuvent s'appliquer pour les parties du parc de stationnement situées en dehors du volume de protection.

§ 2. Dans les locaux de l'immeuble qui présentent des risques particuliers d'incendie, la commission de sécurité peut demander, pour les éléments porteurs et les parois, des degrés de résistance au feu plus élevés, proportionnés aux risques.

Section III
Façades et couvertures

Article GH 12
Généralités relatives aux façades

Les façades sont conçues et réalisées de façon à limiter la propagation du feu d'un compartiment à l'autre :
— par les jonctions des façades avec les structures et parois aux limites des compartiments ;
— par l'extérieur.
Les façades ou parties de façades ayant une fonction porteuse sont stables au feu de degré deux heures ou R. 120.
La conformité des façades aux dispositions réglementaires des articles GH 12 et GH 13 est attestée par un visa du Centre scientifique et technique du bâtiment, d'Efectis France ou de tout autre laboratoire reconnu compétent par la commission centrale de sécurité.

Article GH 13
Comportement au feu des façades

Les parties de façades soumises à exigence de résistance au feu ne comportent pas d'ouvrants de confort susceptibles d'être ouverts en cas d'incendie.
Pour appliquer les dispositions suivantes, il y a lieu de considérer les plans tangents pour les façades courbes. Les dispositions applicables aux façades s'appliquent aux couvertures qui font avec la verticale

un angle inférieur à 30°.

A. — Exigences pour toutes les façades.

§ 1. La masse combustible mobilisable (M) de la façade est inférieure ou égale à 130 MJ/m², l'ensemble des matériaux entrant dans sa constitution étant à prendre en compte.
Si la masse combustible mobilisable (M) de la façade est supérieure à 130 MJ/m², un dossier est soumis à l'avis de la commission centrale de sécurité dans les conditions prévues à l'article R. 122-11-6 du code de la construction et de l'habitation.

La même obligation s'impose si la façade fait l'objet d'une innovation technique importante.

Les composants et équipements de façade sont classés M0 ou A2-s3, d0, à l'exception :
— des cadres de menuiseries en bois ;
— des cadres de menuiseries classés M2 ou C-s3, d0 ;
— des cadres de menuiseries avec leurs remplissages verriers minéraux (et leurs éventuels intercalaires) classés C-s3, d0 ;
— des éléments verriers minéraux assemblés avec leurs intercalaires classés C-s3, d0 ;
— des peintures et systèmes d'imperméabilisation classés M2 ou C-s3, d0 ;
— des stores extérieurs ou intégrés classés M1 ou B-s3, d0 ;
— des joints et garnitures de joints.

B. — Exigences pour les façades vitrées.

Pour les façades vitrées, il faut :

— soit mettre en œuvre les dispositions constructives décrites dans l'instruction technique 249, avec application de la règle du C + D, en respectant :
C + D 1,20 m si M 80 MJ/m² ;
C + D 1,50 m si M 130 MJ/m² ;
— soit justifier d'une performance de résistance au feu des façades de degré pare-flammes égale à une heure, feu extérieur vers intérieur ou E i o 60 avec utilisation du programme thermique normalisé.
Lorsque deux plans de façade consécutifs, d'un même immeuble de grande hauteur ou d'un immeuble de grande hauteur et d'une construction contiguë, forment un dièdre rentrant vertical d'angle inférieur à 100°, les parties de façade situées à l'intérieur du dièdre sont pare-flammes de degré une heure ou E i o 60 sur une largeur minimale de 4 mètres depuis l'arête du dièdre, afin de limiter la propagation par effet de tirage thermique. Cette disposition ne s'applique pas aux retraits ou aux avancées de moins de 1 mètre.
Entre deux compartiments situés à un même niveau d'un immeuble de grande hauteur ou entre un immeuble de grande hauteur et une construction contiguë dont les plans de façade consécutifs forment un dièdre rentrant vertical, les dispositions suivantes sont à respecter :
— lorsque l'angle du dièdre est inférieur à 135°, les parties de façade situées de part et d'autre de l'arête du dièdre sont coupe-feu de degré une heure ou EW i o 60 sur une largeur minimale de 2 mètres, pour limiter les transferts thermiques par rayonnement ;
— lorsque l'angle du dièdre est supérieur ou égal à 135° mais inférieur à 180°, les parties de façade situées de part et d'autre de l'arête du dièdre sont pare-flammes de degré une heure ou E i o 60 sur une largeur minimale de 1 mètre, pour limiter la propagation par convection sous l'effet d'un vent latéral.
C. — Exigence pour les façades non vitrées.
L'exigence requise pour les façades non vitrées est un degré pare-flammes d'une heure, feu extérieur vers intérieur ou E o i 60 avec utilisation du programme thermique normalisé.

Article GH 14
Couvertures

La couverture est classée B ROOF (t3) au sens de l'arrêté du 14 février 2003, et l'utilisation de matériaux susceptibles de s'arracher enflammés en cas d'incendie est interdite.

Section IV
Eléments généraux de construction
et aménagements intérieurs

Article GH 15
Réaction au feu des matériaux de construction
(abrogé)

Article GH 16
Limitation de la charge calorifique des éléments de construction
hors revêtements des parois horizontales et latérales

§ 1. La charge calorifique surfacique des matériaux incorporés dans la construction des immeubles est inférieure, en moyenne et par compartiment, à 255 MJ/m² de surface hors œuvre nette.
La masse combustible de la façade n'est pas prise en compte au titre de cet article.
Dans le calcul de cette charge calorifique surfacique, les matériaux de catégorie M0 ou classés A1 ou A2 incorporés dans la construction des immeubles sont exclus.

§ 2. Le maître d'œuvre apporte la justification au propriétaire de la charge calorifique définie au § 1 et liste les différents éléments pris en compte pour ce calcul.

Article GH 17
Dispositions générales
relatives aux cages, gaines et conduits

§ 1. Les gaines d'ascenseur, de monte-charge et de monte-plats sont constituées de parois construites en matériaux classés A1 et coupe-feu de degré deux heures ou REI 120, sous réserve des prescriptions des articles GH 18 et GH 19 ci-après relatives aux trappes et aux portes de visite.
En atténuation aux dispositions ci-dessus, les cages d'escalier peuvent être constituées de parois construites en matériaux classés A2-s1, d0, et coupe-feu de degré deux heures ou EI 120 dans les conditions de mise en œuvre qui font l'objet d'un avis favorable du CECMI garantissant la réalisation des performances précitées.

§ 2. Lorsqu'un conduit traverse une paroi, il possède les caractéristiques de résistance au feu de la paroi traversée.

Cette résistance peut être obtenue :
— soit par le conduit seul s'il possède une résistance au feu suffisante ;
— soit, dans le cas contraire, par l'établissement du conduit dans une gaine de résistance au feu requise ou par la mise en place, au droit de la paroi traversée, d'un dispositif d'obturation automatique restituant une résistance au feu équivalente (clapet, volet ou tout autre dispositif classé selon la norme NF EN 1366-3).

§ 3. D'une manière générale, les gaines techniques ou conduits ne peuvent se trouver ou s'ouvrir dans les cages d'escalier et leurs dispositifs d'accès, ni sur les paliers d'ascenseur lorsque ceux-ci sont protégés en application de l'article GH 31 ci-après.
Ces dispositions et celles du § 2 ci-dessus ne sont pas applicables aux colonnes sèches ou en charge ainsi qu'aux canalisations des systèmes d'extinction automatique de type sprinkleur ou appropriés aux risques existants.

Article GH 18
Dispositions particulières
aux gaines verticales non recoupées

§ 1. Les cages d'escalier, les gaines d'ascenseur et de monte-charge, les gaines techniques verticales dont le recoupement au droit des planchers est rendu impossible par leur destination, ne comportent que des dispositifs de communication, des trappes ou des portes de visite coupe-feu de degré deux heures ou EI 120 maintenus verrouillés, sauf dans les cas visés à l'alinéa suivant.
Les dispositifs de communication entre les escaliers et les compartiments ainsi qu'entre les ascenseurs et les compartiments répondent, suivant le cas, aux prescriptions des articles GH 25 ou GH 31.

§ 2. Le degré coupe-feu deux heures ou EI 120 exigé ci-dessus peut être obtenu pour les gaines techniques par l'addition des degrés coupe-feu de la trappe ou porte de visite et du bloc-porte du local d'accès à ces dispositifs. Ce local ne comporte aucune matière combustible, à l'exception des blocs-portes, et ses parois ont un degré coupe-feu au moins égal à celui de sa porte d'accès.
Ces gaines, à l'exception des gaines d'ascenseur et de monte-charge, sont désenfumées automatiquement et protégées tous les cinq niveaux par une installation fixe d'extinction automatique de type sprinkleur conforme aux dispositions de l'article MS 25 du règlement de sécurité des établissements recevant du public ou appropriée aux risques existants après avis de la commission de sécurité.

§ 3. En aggravation des §s 1 et 2 ci-dessus, les gaines de monte-courrier ou de transport mécanisé de documents ou d'autres objets sont équipées, dans leur partie verticale, de détecteurs automatiques d'incendie disposés au moins tous les trois niveaux. Les dispositifs mobiles d'obturation de l'accès à ces gaines font l'objet, avant leur mise en œuvre, d'un rapport d'essai établi par un laboratoire agréé et attestant leur aptitude à la fonction d'obturation.

Chaque gaine est considérée comme une zone de mise en sécurité spécifique, et la fermeture des dispositifs mobiles d'obturation est réalisée dans les conditions prévues à l'article GH 49, § 7, la sensibilisation d'un des détecteurs installés dans la gaine commandant l'ensemble de ses dispositifs d'obturation.

§ 4. L'installation de conduits de vide-ordures est interdite dans un immeuble de grande hauteur.

Article GH 19
Dispositions particulières
aux gaines verticales recoupées

§ 1. Toutes les gaines techniques verticales sont coupe-feu de degré deux heures ou EI 120 et doivent être recoupées au droit de chaque plancher par des séparations coupe-feu de degré deux heures ou EI 120 ne laissant aucun vide entre les conduits.

§ 2. Les trappes et portes de visite de ces gaines sont coupe-feu de degré une demi-heure ou EI 30 et maintenues verrouillées.

Leur surface par gaine et par niveau est limitée à 0,80 m² pour les gaines contenant les conduits aérauliques de chauffage ou de ventilation et à 1,40 m² pour les gaines contenant les conduits d'évacuation ou d'alimentation en eau, des câbles, canalisations ou tableaux électriques.

Au-delà de ces surfaces, les trappes ou portes de visite sont coupe-feu de degré une heure ou EI 60.

Article GH 20
Dispositions particulières
aux gaines d'allure horizontale

Les portes et trappes de visite des gaines d'allure horizontale sont d'un degré coupe-feu égal à la moitié de celui de la gaine.

Article GH 21
Plafonds, plafonds suspendus

§ 1. Les revêtements des plafonds sont de catégorie M1 ou classés B-s3, d0. En aggravation de cette disposition, ils sont de catégorie M0 ou classés A2-s2, d0, dans les dégagements communs, les halls et les cuisines collectives.

La paroi support du revêtement est toujours de catégorie M0 ou classée A2-s3, d0.

§ 2. Les éléments constitutifs des plafonds suspendus sont classés B-s3, d0. En aggravation de cette disposition, ils sont classés A2-s2, d0, dans les dégagements communs, les halls et les cuisines collectives.

§ 3. Les plafonds suspendus sont stables au feu de degré un quart d'heure dans les dégagements communs et les halls.

§ 4. Tout plénum existant entre le plancher haut et le plafond suspendu est recoupé tous les 25 mètres par des éléments en matériaux de catégorie M0 ou classés A2-s2, d0, et pare-flammes de degré une demi-heure ou E 30. Les cellules ainsi constituées ont une superficie maximale de 300 m². S'il excède 0,20 mètre de hauteur, le plénum est visible dans toutes les cellules.

Le plénum ne peut contenir que des matériaux de catégorie M2 ou classés C-s3, d1, à l'exception des canalisations électriques.

§ 5. Les plafonds suspendus ne peuvent être pris en compte pour le calcul de la résistance au feu des planchers.

§ 6. La suspente et la fixation des plafonds suspendus sont en matériaux classés A2 et réalisées selon les dispositions de la norme NF P 68-203.1.

§ 7. Les plafonds suspendus installés dans les dégagements restent en place sous l'effet des variations de pression dues au fonctionnement du désenfumage mécanique.

Article GH 22
Revêtements de sol et revêtements des parois latérales

§ 1. Toutes les parois supports de revêtements visées par le présent article sont réalisées en matériaux de catégorie M0 ou classés A2-s3, d0.

§ 2. Les revêtements de sol sont de catégorie M3 ou classés CFL-s1.

§ 3. Les revêtements des parois latérales sont de catégorie M1 ou classés B-s3, d0.

En aggravation de ces dispositions, dans les dégagements communs, les halls et les cuisines collectives, les revêtements des parois latérales sont de catégorie M0 ou classés A2-s2, d0.
Les matériaux de catégorie M3 ou classés D sont toutefois autorisés pour les blocs-portes et les plinthes, les matériaux de catégorie M1 ou classés A2FL pour les planchers techniques (côté plénum).
Le classement de réaction au feu des papiers peints collés et des peintures appliquées sur les parois est justifié dans les conditions prévues à l'annexe III de l'arrêté du 21 novembre 2002 modifié.

Section V
Dégagements : escaliers, circulations horizontales et portes

Article GH 23
Dispositions générales

§ 1. Les dégagements ont des largeurs offrant au moins deux unités de passage, au sens de l'article CO 36, § 2, du règlement de sécurité des établissements recevant du public.

§ 2. Ces dégagements sont conformes, en outre, aux dispositions des articles CO 37, CO 38, § 1, CO 42, CO 44, CO 45, CO 46, CO 48, CO 50, CO 51, CO 53, § 4, et CO 55 du règlement précité.

§ 3. Les circulations horizontales communes sont encloisonnées par des parois verticales et horizontales coupe-feu de degré une heure ou REI 60 ne comportant pas de volume de rangement ouvrant dans les circulations. Les blocs-portes de ces parois sont pare-flammes de degré une demi-heure et équipés de ferme-porte ou E 30 - C. Les trappes de visite des plénums prévus à l'article GH 21, § 4, restituent un coupe-feu de degré une heure ou EI 60 et doivent être maintenues fermées.

En atténuation, un espace « accueil » par compartiment, d'une surface maximale de 15 m², donnant directement sur la circulation horizontale commune est autorisé sous les conditions suivantes :

— emprise en dehors de la circulation horizontale commune ;
— vocation exclusive d'accueil ;
— mobilier en matériaux de catégorie M1 ou classés B-s3, d0, limité à 50 MJ/m², sans rangement ;
— un point de détection au moins, situé au-dessus de la zone « accueil », est raccordé à la détection de la circulation.

§ 4. Les escaliers desservant les étages, d'une part, et les niveaux inférieurs, d'autre part, s'arrêtent au niveau le plus élevé d'accès des piétons. A ce niveau, chaque escalier dispose d'une sortie directe sur l'extérieur, sauf lorsque ces escaliers débouchent sur un hall s'ouvrant largement sur l'extérieur. Aucune communication n'existe entre les volumes de ces escaliers.

A chaque niveau, les dispositifs d'accès aux escaliers sont reliés par une circulation horizontale commune.

Toutefois, des dérogations peuvent être accordées par la commission de sécurité s'il s'agit de rénovations ou d'aménagements dans des immeubles existants.

§ 5. L'accès utilisable par les sapeurs-pompiers est signalé et balisé.

§ 6. Afin de définir les dégagements des locaux de l'immeuble, l'effectif des personnes qui sont admises dans ces locaux est déterminé, par type d'activité, suivant les dispositions particulières des établissements recevant du public. Cependant, pour les locaux où sont exercées des activités réservées au personnel des entreprises installées dans l'immeuble et à leurs invités exceptionnels (à titre privé ou professionnel) lorsqu'ils sont accompagnés, il est admis que l'effectif puisse faire l'objet d'une déclaration du chef d'établissement.

§ 7. Le verrouillage des portes donnant directement sur l'extérieur, dites portes principales de l'immeuble, dans le sens de l'entrée, est autorisé sous réserve du respect des dispositions suivantes :

— possibilité de sortir de l'immeuble en actionnant la poignée de chaque porte équipée du dispositif de verrouillage, sauf si ces portes sont verrouillées dans les conditions prévues au § 2 ci-dessus ;
— déverrouillage de toutes les portes à partir du poste central de sécurité incendie ;
— déverrouillage de toutes les portes, commandé automatiquement, en cas de détection incendie dans un compartiment ;
— déverrouillage manuel par le service de sécurité incendie et d'assistance à personnes à l'aide de clés.

Article GH 24

Escaliers

§ 1. A tous les niveaux, chaque escalier visé par l'article R. 122-9 du code de la construction et de l'habitation est accessible depuis tout local occupé. Ces escaliers sont à volées droites. La distance maximale, mesurée dans l'axe des circulations horizontales communes à partir de la porte d'un local situé en cul-de-sac jusqu'à l'embranchement de deux circulations menant chacune à un escalier, est de 10 mètres.

Par dérogation à l'article GH 23, § 1, les escaliers peuvent ne comporter qu'une unité de passage lorsqu'ils desservent des compartiments abritant moins d'une personne par 100 m² de surface hors œuvre nette.

§ 2. Les dispositifs d'accès aux escaliers sont à plus de 10 mètres et à moins de 30 mètres l'un de l'autre. Ces distances sont mesurées dans l'axe des circulations horizontales communes entre les dispositifs d'accès aux escaliers. Dans le cas de pluralité de cheminements, l'un d'eux au moins est inférieur à 30 mètres.

§ 3. Les parcours à l'air libre n'entrent pas dans le calcul des distances séparant les escaliers visés ci-dessus.

§ 4. Dans le cas d'escaliers extérieurs au corps du bâtiment, leurs parois, par dérogation aux dispositions de l'article GH 17, § 1, ci-dessus peuvent ne pas être coupe-feu de degré deux heures ou EI 120 mais les protègent des flammes, des fumées ainsi que des intempéries. Si les conditions atmosphériques locales ne s'y opposent pas, ces escaliers peuvent être à l'air libre. Dans ce cas, un des côtés au minimum est entièrement ouvert sur l'extérieur, d'une largeur au moins égale à deux fois celle de la volée, et se trouve à 2 mètres au moins des baies de l'immeuble.

Article GH 25
Dispositifs d'intercommunication

§ 1. Conformément aux dispositions de l'article R. 122-10 du code de la construction et de l'habitation, les communications d'un compartiment à un autre et avec des escaliers sont assurées par des dispositifs coupe-feu de degré deux heures ou EI 120 munis de deux blocs-portes pare-flammes de degré une heure ou E 60 et coupe-feu de degré une demi-heure ou EI 30, pouvant être franchis par des personnes isolées sans mettre en communication directe l'atmosphère des deux compartiments et d'un compartiment avec un escalier. Un dispositif d'intercommunication entre deux compartiments relie deux circulations horizontales communes.

§ 2. En complément des dispositions de l'article R. 122-9 du code de la construction et de l'habitation, lors du fonctionnement du désenfumage, les dispositifs d'intercommunication entre compartiments sont toujours en surpression.

§ 3. Par dérogation aux dispositions de l'article GH 23, §s 1 et 2, les portes des dispositifs visés au § 1 peuvent ne comporter qu'une unité de passage. Cette dérogation n'est pas applicable aux dispositifs de sortie des escaliers situés au niveau d'accès des piétons défini à l'article GH 23, § 4.

§ 4. Les dispositifs d'intercommunication ont une surface de 3 m² au moins et de 8 m² au plus. Ils ne comportent que deux blocs-portes ; le cheminement entre les deux blocs-portes est de 1,40 mètre de long au moins et est dépourvu de tout obstacle.

Tout volet ou trappe d'accès aux gaines ou conduits sont interdits, à l'exception des colonnes sèches ou en charge, des volets des conduits de désenfumage et des canalisations électriques ou téléphoniques propres aux dispositifs.

§ 5. Lorsque les dispositifs d'intercommunication donnent accès aux escaliers prévus par l'article GH 24, leurs portes :
— s'ouvrent dans le sens de la sortie vers l'escalier ;
— sont équipées d'un ferme-porte ;
— portent une plaque signalétique mentionnant exclusivement « Porte coupe-feu. A maintenir fermée »,

en lettres blanches sur fond rouge. Cette plaque est fixée sur chaque porte, côté circulation horizontale, d'une part, côté intérieur du dispositif pour la porte donnant accès à l'escalier, d'autre part.

Lorsque les dispositifs font communiquer deux compartiments à un même niveau, leurs portes sont :
— soit maintenues fermées en position normale et équipées d'un ferme-porte ;
— soit à fermeture automatique et admises à la marque NF ; leur fonctionnement se produit alors dans les conditions prévues à l'article GH 49. Dans ce cas, les portes sont traitées en DAS communs.

Elles s'ouvrent vers l'intérieur du dispositif et portent la plaque signalétique décrite à l'alinéa ci-dessus sur la face extérieure de chaque porte du dispositif.

§ 6. Par dérogation au § 1 ci-dessus et pour des impératifs d'exploitation, l'intercommunication entre deux compartiments situés sur un même niveau peut être réalisée par une baie.

Cette dérogation est soumise à l'avis de la commission de sécurité et subordonnée au respect des dispositions suivantes :

— la baie est équipée d'un dispositif à fermeture automatique coupe-feu de degré deux heures ou EI 120. Ce dispositif est admis à la marque NF et son fonctionnement se produit dans les conditions prévues à l'article GH 49. Il est traité en DAS commun ;
— si le dispositif ne peut être manœuvrable à la main lorsqu'il est fermé, la baie est doublée, à proximité immédiate, par un dispositif de franchissement conforme aux §s 1 à 5 ci-dessus ;
— les deux compartiments reliés sont équipés d'un système d'extinction automatique de type sprinkleur conforme aux dispositions de l'article MS 25 du règlement de sécurité des établissements recevant du public ou d'une installation fixe d'extinction automatique appropriée aux risques existants sur avis de la commission de sécurité ;
— une plaque signalétique portant la mention : « Dispositif coupe-feu. Ne mettez pas d'obstacle à la fermeture », en lettres blanches sur fond rouge, est apposée bien en évidence, à proximité de la baie, dans chaque compartiment.

Cette dérogation n'est admissible qu'au niveau d'accès aux piétons et aux deux niveaux voisins situés l'un au-dessus et l'autre au-dessous ; par contre, elle est admissible à tous les niveaux réservés aux parcs de stationnement.

Article GH 26
Surveillance permanente
de l'isolement des compartiments

Les dispositifs suivants concourent à la réalisation de l'isolement permanent des compartiments :
— les blocs-portes des dispositifs d'intercommunication visés à l'article GH 25, § 5 ;
— les portes d'ascenseurs et de monte-charge visées à l'article GH 31, § 1d, dont la seule porte palière assure l'isolement coupe-feu de degré deux heures ou EI 120 ;
— les portes d'accès aux gaines techniques non recoupées visées à l'article GH 18.

Ces dispositifs constituent des dispositifs de sécurité non commandés dont la position normale de fonctionnement est identique à la position de sécurité.

Les défauts de position prolongés de ces dispositifs sont signalés.
L'affichage global des informations relatives à chacun des compartiments est :
— reporté au poste central de sécurité ;

— distinct de celui relatif à la fonction compartimentage ;
— indiquer un défaut de position d'attente.

Une temporisation de 60 secondes au plus pourra être prévue pour signaler l'ouverture de ces portes afin d'éviter le signalement intempestif d'anomalies.

Article GH 27
Gestion des dispositifs de contrôle
d'accès en cas d'incendie

§ 1. Un système de contrôle d'accès comprend des dispositifs qui peuvent concerner :

a) Au(x) niveau(x) d'accès des piétons à l'immeuble, les accès depuis les halls :
— aux paliers d'ascenseurs ;
— aux escaliers ;

b) Dans les autres niveaux de l'immeuble, les accès aux circulations horizontales communes des étages depuis :
— les paliers d'ascenseurs ;
— les escaliers ;

c) Les accès aux zones privatives depuis les circulations horizontales communes des niveaux.
Le verrouillage des accès aux niveaux, par des dispositifs de contrôle d'accès, est admis sous réserve du respect des conditions définies ci-après.

§ 2. Principe général de décondamnation :

La décondamnation des dispositifs de contrôle d'accès permet :

— l'évacuation des occupants du compartiment impliqué vers des compartiments non impliqués ou vers l'extérieur de l'immeuble ;
— la suppression des obstacles éventuels à l'efficacité du désenfumage, quelle que soit leur hauteur, dans le compartiment impliqué lorsque la fonction désenfumage est activée ;
— l'intervention des secours à partir des compartiments non impliqués.

Quelle que soit l'implantation des dispositifs de contrôle d'accès, à l'exception de ceux visés au c du § 1 ci-dessus, leur libération est automatique et généralisée à l'ensemble des niveaux de l'immeuble équipés de tels dispositifs (obstacles et systèmes de condamnation) ce, dès le déclenchement du processus d'alarme dans l'un quelconque des compartiments de l'immeuble.

Un dispositif de commande manuelle spécifique visant l'ensemble des niveaux, situé au poste central de sécurité incendie, permet de doubler la commande automatique.

§ 3. Dispositions particulières à appliquer en complément des dispositions ci-dessus :

a)   Au(x) niveau(x) d'entrée des piétons dans l'immeuble :

— la sortie des cages d'escaliers répond aux exigences de l'article CO 45, § 2, du règlement de sécurité des établissements recevant du public ;
— le déverrouillage local des portes d'accès aux cages d'escaliers, à l'aide de clés ou de tout autre

dispositif équivalent autorisé par la commission de sécurité, est réalisable par le service de sécurité ;
— les dispositifs de contrôle d'accès, depuis les halls aux paliers d'ascenseurs, répondent aux dispositions de l'article CO 46 § 2 du règlement de sécurité des établissements recevant du public ;

b)   Aux autres niveaux de l'immeuble :

— depuis les paliers d'ascenseurs :
— les éventuelles portes coulissantes motorisées répondent aux dispositions de l'article CO 48, § 3, du règlement de sécurité des établissements recevant du public ;
— un interphone permettant de dialoguer avec le poste central de sécurité incendie est placé sur chaque palier d'ascenseur ;
— un dispositif de commande manuelle installé, côté zone contrôlée (boîtier à bris de glace par exemple), à fonction d'interrupteur, intercalé sur la ligne de télécommande est situé près de chaque porte concernée et agit simultanément sur l'ensemble des portes isolant le palier ;
— un dispositif permettant l'ouverture (contacteur à clé fonctionnant sur le passe de sécurité de l'immeuble) est placé côté palier.
— depuis les cages d'escalier :
— les portes sur lesquelles se trouvent les condamnations, relevant du système de contrôle d'accès aux niveaux, sont celles qui, depuis les dispositifs d'intercommunication, ouvrent sur les circulations horizontales communes, seul est autorisé le verrouillage dans le sens de l'entrée dans le compartiment ;
— le déverrouillage local, par le service de sécurité incendie et d'assistance à personnes de l'immeuble, à l'aide de clés ou de tout autre dispositif équivalent, autorisé par la commission de sécurité, est prévu ;
— l'ouverture des portes depuis l'intérieur des compartiments répond aux exigences de l'article CO 45, § 2, du règlement de sécurité des établissements recevant du public ;

c)   Accès aux zones privatives, depuis les circulations horizontales communes des niveaux :

Le contrôle d'accès aux locaux privatifs peut être réalisé par tout moyen permettant :
— l'évacuation des personnes, conformément aux exigences de l'article CO45, § 2, précité ;
— l'accès à ces locaux privatifs par les agents du service de sécurité incendie et d'assistance à personnes de l'immeuble et les services publics de secours et de lutte contre l'incendie.
La télécommande de ces équipements depuis le poste central de sécurité incendie n'est pas exigée.

Article GH 28
Désenfumage

§ 1. Généralités :

a)   Le désenfumage a pour objet d'extraire, en début d'incendie, une partie des fumées et des gaz de combustion afin de maintenir praticables les cheminements destinés à l'évacuation des occupants.

Ce désenfumage peut concourir également à :
— limiter la propagation de l'incendie ;
— faciliter l'intervention des secours.

b)   Les documents à fournir en application de l'article GH 4 comprennent :

— un plan comportant :
— les emplacements des évacuations de fumée et des amenées d'air ;

— le tracé des réseaux aérauliques ;
— l'emplacement des ventilateurs de désenfumage ;
— l'emplacement des dispositifs de commande des ouvrants de désenfumage de secours ;
— une note explicative précisant les caractéristiques techniques des différents équipements.

§ 2. Désenfumage des circulations horizontales communes :

a) Le désenfumage des circulations horizontales communes est réalisé conformément à l'instruction technique relative au désenfumage dans les immeubles de grande hauteur.
    Ces dispositions ne concernent pas les paliers répondant aux dispositions de l'article GH 31, § 1a.

b) Les matériels entrant dans la constitution de l'installation de désenfumage répondent aux dispositions :

    — de l'instruction technique relative au désenfumage dans les immeubles de grande hauteur ;
    — de l'article GH 49.

§ 3. Désenfumage des locaux :
Les locaux collectifs visés à l'article GH 71 d'une superficie supérieure à 300 m² sont désenfumés dans les conditions prévues dans l'instruction technique n° 246.

Article GH 29

Désenfumage de secours

§ 1. Afin de permettre l'évacuation des fumées et gaz chauds du compartiment sinistré lorsque le système de désenfumage mécanique ne fonctionne plus ou est devenu insuffisant, des ouvrants en façade sont prévus à chaque niveau dans les immeubles qui ne comportent pas de châssis mobiles susceptibles d'assurer la même fonction.

§ 2. Le désenfumage de secours présente les caractéristiques suivantes :

— les ouvrants, au nombre d'au moins un par fraction de 300 m² de surface de compartiment, ont une surface unitaire d'un mètre carré minimum ;
— chaque compartiment ou niveau comporte au moins quatre ouvrants judicieusement répartis qui ne peuvent donc tous se trouver sur la même façade ;
— la commande d'ouverture des ouvrants est facilement accessible aux services publics de secours et de lutte contre l'incendie ;
— l'ouverture des ouvrants s'effectue par un des moyens suivants :
— une ou deux poignée(s) ;
— un dispositif de commande manuelle (DCM) admis à la marque NF ;
— un carré femelle de 6 millimètres de côté et de 10 millimètres de profondeur au moins permettant l'utilisation de la clé spéciale des personnels des services publics de secours et de lutte contre l'incendie, situé en partie inférieure de l'ouvrant en retrait de 10 millimètres au plus ;
— en cas de sinistre, l'ouverture des ouvrants est réalisée par les services publics de secours et de lutte contre l'incendie ou sur leur ordre.

§ 3. Chaque cage d'escalier définie à l'article R. 122-9 du code de la construction et de l'habitation comporte à sa partie supérieure un exutoire, d'une surface libre d'un mètre carré, permettant l'évacuation des fumées et s'ouvrant sur l'extérieur.
Son ouverture est exclusivement télécommandée par une action manuelle à partir du poste central de

sécurité incendie de l'immeuble. La commande est uniquement réservée aux sapeurs-pompiers. Un contrôle de position de l'exutoire est installé dans le poste de sécurité incendie.

Section VI
Ascenseurs et monte-charges

Article GH 30
Gaines et cabines d'ascenseurs et de monte-charges

§ 1. Les ascenseurs et monte-charges, et d'une façon générale, tous les appareils élévateurs mettant en liaison deux ou plusieurs niveaux sont installés conformément au décret n° 2000-810 du 24 août 2000, relatif à la mise sur le marché des ascenseurs.

§ 2. Pour les ascenseurs, en complément de ces dispositions, la température à l'intérieur des gaines est compatible avec le fonctionnement sûr des ascenseurs, en particulier en évitant la déformation des guides. Ce fonctionnement est assuré pendant deux heures vis-à-vis d'un feu extérieur à la gaine, supposé évoluer selon la courbe normalisée température/temps définie par la norme NF EN 13501-2. Pour ce faire, les parois des gaines d'ascenseurs sont telles que soumises au programme thermique précité, la température à la surface de leur paroi intérieure n'excède pas 70 °C au bout de deux heures.

§ 3. Excepté pour les ascenseurs comportant le dispositif d'appel prioritaire prévu à l'article GH 34, les cabines d'ascenseurs sont équipées d'un dispositif de commande accompagnée, destiné, une fois actionné, à inhiber le fonctionnement de l'ascenseur vis-à-vis des appels paliers et cabine déjà enregistrés et à permettre une utilisation uniquement à partir du panneau de commande en cabine. L'utilisation de cette commande, d'un modèle unique, est réservée aux personnes autorisées et averties. Quatre exemplaires de ce dispositif de commande sont tenus, au poste central de sécurité incendie, à la disposition du commandant des opérations de secours.

§ 4. Les ascenseurs débouchent, dans tous les cas, sur des circulations horizontales communes et leurs accès sont protégés en cas d'incendie selon les dispositions de l'article GH 31 ci-dessous.
Toutefois, les ascenseurs réservés à une utilisation spécifique et à des personnes autorisées (cuisine, restaurant, livraisons, direction...) peuvent déboucher dans des parties privatives sous réserve que celles-ci soient directement accessibles aux services de secours depuis les parties communes.

§ 5. Les machines d'ascenseurs peuvent être situées en gaine lorsque la puissance totale installée en gaine est inférieure ou égale à 100 kVA. Dans ce cas, chaque tableau électrique situé en gaine est enfermé dans une armoire ou un coffret satisfaisant à l'une des conditions suivantes :
— son enveloppe est métallique ;
— son enveloppe satisfait à l'essai au fil incandescent, la température du fil incandescent étant de 750 °C, si chaque appareillage satisfait à la même condition.

§ 6. Les gaines d'ascenseur sont désenfumées par extraction dans les conditions prévues par l'instruction technique n° 246, relative au désenfumage dans les établissements recevant du public lorsque :
— soit la puissance électrique totale installée en gaine est supérieure à 40 kVA ;
— soit la gaine d'ascenseur abrite une machine contenant de l'huile, un réservoir d'huile ou des vérins.
La commande du dispositif de désenfumage de la gaine d'ascenseur se produit automatiquement au

moyen de détecteurs d'incendie disposés en partie inférieure et supérieure de la gaine. La commande automatique est doublée par une commande manuelle.

Le désenfumage de la gaine d'un ascenseur n'est pas exigible si la gaine est ventilée par convection forcée mécaniquement assurant un débit d'extraction minimal de vingt volumes par heure, lorsque la température des machines ou de leurs organes de commande dépasse celle qui est spécifiée par le constructeur dans la notice technique de l'ascenseur. Le volume à prendre en compte est égal à la section de la gaine sur une hauteur de deux mètres, et la température ambiante à prendre en compte est de 40 °C en l'absence de cette information du constructeur.
La mise en place d'une amenée d'air en partie basse de la gaine n'est pas obligatoire pour réaliser le désenfumage de la gaine encloisonnée d'un ascenseur.

§ 7. Les parois supports de la cabine sont en matériaux de catégorie M0 ou A1.

Les revêtements de la cabine sont en matériaux de catégories :
— M3 ou Cfl-s1 au sol ;
— M1 ou C-s2, d0 pour les parois verticales, le plafond et les luminaires.

§ 8. Le propriétaire est tenu de s'assurer de la propreté des cuvettes des gaines et au besoin de faire procéder à leur nettoyage.

Article GH 31

Protection des accès aux ascenseurs et monte-charges

§ 1. La durée coupe-feu de degré deux heures, exigée par l'article GH 17, des dispositifs de communication entre les gaines d'ascenseurs et de monte-charges, d'une part, et les circulations horizontales communes, d'autre part, nécessite le non-arrêt des ascenseurs et monte-charges dans le compartiment concerné et peut être obtenue de quatre manières différentes :

a) A l'aide de portes coupe-feu isolant le palier du reste de l'étage. Ce palier est alors équipé d'un dispositif phonique supplémentaire tel que décrit à l'article GH 50 ;

b) A l'aide de portes coupe-feu non comprises dans l'ascenseur ou le monte-charges, situées à l'extérieur de la gaine et devant les portes palières de l'appareil ;

c) A l'aide de portes coupe-feu comprises dans l'ascenseur ou le monte-charges, situées à l'intérieur de la gaine et devant les portes palières de l'appareil (dispositif appelé bouclier thermique) ;

d) A l'aide de portes palières d'ascenseur ou de monte-charges coupe-feu par elles-mêmes.

Si la protection est réalisée selon les dispositions a ou b, les portes coupe-feu sont à fermeture automatique et admises à la marque NF. Le fonctionnement de toutes les portes d'un même compartiment se produit dans les conditions prévues à l'article GH 49.

En outre, lorsque les portes coupe-feu isolent les paliers d'ascenseurs, elles peuvent s'ouvrir manuellement de part et d'autre. Les personnes qui seraient isolées sur ce palier sont averties du non-arrêt de l'ascenseur et invitées à gagner les escaliers selon les consignes affichées sur ces portes. Le signal normalisé d'issue de secours est visible sur ces portes lorsqu'elles sont en position de sécurité.

§ 2. Si la protection est réalisée à l'aide de portes palières coupe-feu par elles-mêmes, les conditions suivantes sont respectées :

a) Fermeture forcée des portes palières d'ascenseur ou de monte-charges au bout de trente secondes maximum ;

b) Indication au poste central de sécurité incendie de la non-fermeture des portes lorsqu'elle se prolonge au-delà de 60 secondes conformément à l'article GH 26 ;

c) Signalisation de la position des cabines au poste central de sécurité incendie ;

d) Interdiction du maintien en position ouverte des portes palières lors des opérations de dépannage ou d'entretien ;

e) Annulation de la manœuvre à commande accompagnée en cas de détection incendie ou d'appel prioritaire.

Article GH 32
Dispositions complémentaires concernant
les paliers de desserte des ascenseurs

§ 1. Une plaque signalétique bien visible rappelle la nécessité de laisser libre de tout obstacle le dégagement nécessaire au fonctionnement des portes coupe-feu à fermeture automatique. L'inscription est en lettres blanches sur fond rouge.

§ 2. Les dispositifs de fermeture des paliers de desserte quand ils existent et les portes d'ascenseurs et monte-charge ne doivent ni recouper ni rétrécir les circulations horizontales communes du compartiment.

§ 3. Les dispositions nécessaires sont prises pour que la destruction des dispositifs liés à l'ascenseur au niveau sinistré (commandes, signalisation, tableaux ou panneaux pour les essais et opérations de secours) ne puisse perturber la desserte des autres niveaux. Il peut être dérogé à cette prescription si les dispositifs sont protégés par une porte coupe-feu de degré deux heures ou EI 120, ou sont situés sur des paliers dont les portes et parois ont le même degré coupe-feu.

Article GH 33
Secours des cabines d'ascenseurs

§ 1. Sauf cas exceptionnel, les cabines sont, en cas de panne ou lors d'une mise hors service volontaire, amenées à un niveau d'accès.

§ 2. S'il n'y a pas de porte palière ou de trappe d'accès coupe-feu de degré deux heures à tous les niveaux, il y a, au minimum, deux ascenseurs dans la même gaine de sorte que l'évacuation des passagers d'une cabine en panne se fasse vers une autre cabine arrêtée à la même hauteur, les cabines étant équipées de portes de secours latérales.

Lorsque plusieurs ascenseurs sont installés dans une même gaine, et s'il n'y a pas de porte palière ou de trappe d'accès au moins tous les trois niveaux et à une distance verticale ne dépassant pas 11 mètres, chacun des appareils est équipé, en plus de la trappe et des échelles de secours prévues ci-dessous, d'une porte latérale de secours permettant de passer dans la cabine ou sur le toit d'un ascenseur voisin. Chaque cabine est dotée d'un œilleton ou d'un regard facilitant les manœuvres de mise à niveau. Les ascenseurs sont équipés d'une commande en cabine à l'usage exclusif des services de secours leur permettant de conduire l'ascenseur au niveau d'un appareil à secourir. La cabine possède un éclairage extérieur afin de faciliter l'approche et l'évacuation. L'ouverture d'une des portes d'intercommunication empêche le fonctionnement des deux appareils.

Dans le cas d'une séparation grillagée en gaine, celle-ci est sécable et un outil approprié est tenu à disposition des secours au poste central de sécurité incendie.

§ 3. Lorsque la distance à franchir entre deux portes latérales de secours est supérieure à 0,50 mètre, une passerelle portative est utilisée pour passer d'une cabine à l'autre. Les dimensions de cette passerelle sont fonction, d'une part, de la distance horizontale séparant les deux cabines, d'autre part, de la largeur des portes latérales de secours. Cette passerelle est entreposée en permanence au poste central de sécurité incendie de l'immeuble.

§ 4. Tout ascenseur isolé dans une gaine est muni d'une trappe de secours et d'une échelle métallique permettant d'atteindre le toit de la cabine en cas d'arrêt accidentel. Cette échelle peut être placée dans la cabine même, sur son toit ou le long de celle-ci.
Une seconde échelle entreposée dans le local machinerie ou au poste central de sécurité incendie permet de rejoindre le toit de la cabine à partir du niveau supérieur le plus proche.

§ 5. Lors de l'entretien d'une cabine, toutes les dispositions sont prises pour maintenir en fonctionnement les autres cabines situées dans la même cage.

Article GH 34
Ascenseurs prioritaires pompiers. —
Priorité des manœuvres

§ 1. Les pompiers peuvent accéder directement à chaque niveau de chaque compartiment non sinistré au moyen d'au moins deux ascenseurs à dispositif d'appel prioritaire pompiers.

§ 2. Le cheminement emprunté par les pompiers pour atteindre les accès aux ascenseurs depuis les voies définies à l'article GH 6 :

— présente une largeur de deux unités de passage au moins ;
— est d'une longueur ne dépassant pas 50 mètres.

§ 3. L'ordre de priorité qui est respecté entre les différentes manœuvres des ascenseurs et monte-charges est défini comme suit :

— mise hors service ;
— manœuvre d'inspection ou manœuvre de secours des cabines définie à l'article GH 33 ;
— non arrêt aux étages sinistrés défini à l'article GH 31 ;
— manœuvre d'appel prioritaire pompiers définie au § 1 ci-dessus (en cas d'incendie au niveau d'accès des secours, le dispositif d'appel prioritaire prime sur le fonctionnement du non-arrêt des cabines) ;
— manœuvre de la commande accompagnée, définie à l'article GH 30 ;
— manœuvre au moyen d'un dispositif de contrôle d'accès (carte magnétique, digicode, clé, etc.) ;
— manœuvre normale de l'appareil.

Section VII
Chauffage, ventilation, conditionnement d'air et installations
d'appareils de cuisson et de réchauffage destinés à la restauration

Article GH 35
Dispositions générales

§ 1. Les dispositions de la présente section ont pour objectif d'éviter les risques d'éclosion, de développement et de propagation de l'incendie ainsi que les risques d'explosion dus aux installations citées au § 2.

§ 2. Ces dispositions concernent les installations :

— de chauffage (production de chaud, distribution et émission) ;
— de ventilation de confort, de climatisation et de conditionnement d'air (production de chaud ou de froid, distribution et émission) ;
— de ventilation mécanique contrôlée ;
— d'eau chaude sanitaire (production et distribution) ;
— de cuisson et de remise en température (appareils destinés à la restauration).
Les installations destinées à d'autres usages ne font pas l'objet des dispositions de la présente section.

Article GH 36
Interdiction de combustibles

Le stockage et l'utilisation de tous combustibles liquides, solides et gazeux, y compris les hydrocarbures liquéfiés, sont interdits à l'intérieur des immeubles de grande hauteur et de leur volume de protection sauf dispositions particulières précisées dans le présent règlement.
Les chaufferies utilisant du gaz sont autorisées dans les conditions définies dans les articles suivants de la présente section.

Article GH 37
Installations de production de chaud et de froid

§ 1. Les règles applicables aux appareils et aux installations de production de chaud et de froid sont celles décrites à l'article CH 2 et aux articles ci-dessous du règlement de sécurité des établissements recevant du public.

§ 2. Seuls sont autorisés à l'intérieur de l'immeuble :

— les sous-stations conformes à l'article CH 11 ;
— les générateurs électriques conformes à l'article CH 12 ;
— les appareils électriques de production de froid conformes à l'article CH 35 ;
— les appareils électriques de production émission avec une température de surface inférieure à 100 °C conformes aux articles CH 44 et CH 45.

§ 3. Les chaufferies sont autorisées dès lors qu'elles sont implantées selon l'une des dispositions suivantes :

— en terrasse supérieure de l'immeuble, dans les conditions suivantes :
— elles sont construites de telle façon que les effets d'une explosion éventuelle soient atténués le plus possible ;
— l'accès à ces chaufferies ne peut se faire qu'à l'air libre depuis la terrasse ;
— seul le gaz est autorisé ;
— l'alimentation en gaz est réalisée par une canalisation placée à l'extérieur du bâtiment à l'air libre ou en gaine ventilée ;
— à l'extérieur de l'immeuble :
— en rez-de-chaussée en tout ou partie dans le volume de protection ;
— enterrées ou en sous-sol en dehors et sans communication avec les sous-sols de l'immeuble de grande hauteur.

Quelle que soit leur puissance, pour les chaufferies en sous-sol et au rez-de-chaussée accolées à un immeuble de grande hauteur, les parois contiguës et les planchers sont coupe-feu de degré quatre heures ou REI 240, résister à une pression d'une tonne par mètre carré et ne comporter aucune communication avec l'immeuble de grande hauteur, sauf pour les gaines et conduits de chauffage qui sont conformes aux articles GH 17 à GH 20. Lorsque l'accès aux chaufferies est situé dans le volume de protection, il ne peut se faire que par l'intermédiaire d'un sas coupe-feu de degré deux heures ou REI 120 équipé de deux blocs-portes, pare-flammes de degré une heure avec ferme-porte ou E 60 - C.

§ 4. Les appareils ou groupements d'appareils de production par combustion, formant des ensembles ou sous-ensembles complets préfabriqués conçus pour fonctionner à l'extérieur, peuvent être installés en terrasse supérieure de l'immeuble et hors local chaufferie dans les conditions de l'article CH 5, § 2.

§ 5. L'équipement des chaudières respecte les dispositions de l'article CH 23. Les canalisations de fluides caloporteurs sont métalliques et les calorifuges utilisés pour l'isolation des canalisations et récipients contenant les fluides caloporteurs sont en matériau de catégorie M1 ou classé A2-s2, d0.

Article GH 38
Installations de ventilation de confort
et ventilation mécanique contrôlée

§ 1. Les réseaux de soufflage et de reprise d'air destinés à assurer la ventilation de confort respectent les dispositions des articles CH 29 à CH 34, CH 36, CH 38 et CH 39 du règlement de sécurité des établissements recevant du public. Les batteries de chauffage électrique ne sont admises que dans les centrales et les modules de traitement d'air. Pour ces deux cas, les batteries répondent aux dispositions prévues à l'article CH 37.

En ce qui concerne les ventilo-convecteurs électriques, ces derniers sont des appareils indépendants de production émission et ne sont pas considérés comme terminaux de réseaux aérauliques. Ils respectent les dispositions de l'article GH 37.

Quelle que soit la section des conduits, l'isolement des compartiments, des sous-compartiments prévus à l'article GH U 6, des circulations horizontales communes ainsi que des locaux à risques importants ou à charge calorifique, tel que défini à l'article GH 61, est assuré par des clapets. Ces dispositifs d'obturation sont placés au droit de la paroi assurant le coupe-feu, leur résistance au feu est équivalente à celle de la paroi traversée. Le fonctionnement de ces dispositifs est assuré dans les conditions prévues à l'article GH 49, § 6.

§ 2. Les réseaux de ventilation mécanique contrôlée respectent les dispositions des articles CH 41 et CH 42.

En aggravation de ces dispositions, l'exigence de non-propagation du feu et des fumées n'est réputée satisfaite que dans les conditions suivantes :

— le conduit collectif vertical est implanté dans une gaine coupe-feu de degré deux heures ou EI 120 ;
— les conduits horizontaux sont équipés de dispositifs d'obturation coupe-feu de degré deux heures ou EI 120 au droit des parois de la gaine, des compartiments, des sous-compartiments et coupe-feu de degré une heure ou EI 60 pour les parois des circulations horizontales communes.

Article GH 39
Installations d'appareils de cuisson et de remise en température destinés à la restauration

Les installations d'appareils de cuisson ou de remise en température destinés à la restauration sont réalisées conformément aux dispositions prévues aux articles GC du règlement de sécurité des établissements recevant du public. En aggravation à ces dispositions, l'extraction d'air vicié dans toutes les grandes cuisines est obligatoirement mécanique.

Section VIII
Installations électriques et éclairage

Article GH 40
Objectifs et généralités

§ 1. Les dispositions de la présente section ont pour objectifs :

— d'éviter que les installations électriques ne présentent des risques d'éclosion, de développement et de propagation d'un incendie ;
— de permettre le fonctionnement des installations de sécurité lors d'un incendie ;
— de permettre la continuation de certaines activités dans les compartiments non atteints ou menacés

par le feu.

§ 2. Les installations électriques doivent être conformes au décret n° 88-1056 du 14 novembre 1988 du ministère chargé du travail et à ses arrêtés d'application.

§ 3. L'immeuble ne doit pas être traversé par des canalisations électriques qui lui sont étrangères.

§ 4. A l'exception des installations contenues dans les locaux de service électrique tels que visés à l'article GH 41, la plus grande tension existant en régime normal entre deux conducteurs ou entre l'un d'eux et la terre ne doit pas être supérieure au domaine de la basse tension.
Toutefois, cette disposition ne s'oppose pas :

— à l'utilisation de tensions plus élevées pour des applications déterminées telles que l'emploi de lampes à décharge, d'appareils audiovisuels et d'électricité médicale ;
— au passage des canalisations générales d'alimentation haute tension si elles sont placées dans des cheminements techniques protégés avec des parois coupe-feu de degré deux heures ou EI 120 et si elles ne comportent pas de connexion sur leur parcours.

§ 5. L'immeuble est protégé contre la foudre (paratonnerre).

Article GH 41
Locaux de service électrique

§ 1. Les locaux de service électrique sont les locaux renfermant des matériels électriques et dont l'accès est réservé aux personnes qualifiées, chargées de l'entretien et de la surveillance des matériels.
Ils doivent :

— être faciles à atteindre par les services de secours ;
— être ventilés sur l'extérieur soit directement soit par l'intermédiaire d'un conduit ou être climatisés ;
— être dotés de moyens d'extinction adaptés au risque électrique ;
— disposer soit d'un éclairage minimal visé à l'article GH 48, soit d'un éclairage de sécurité constitué par des blocs autonomes fixes et des blocs autonomes portables d'intervention (BAPI).

§ 2. Les groupes électrogènes, les postes de livraison, les postes de transformation, les cellules haute tension et les appareils électriques contenant des diélectriques liquides donnant lieu à émission de vapeurs inflammables ou toxiques, les tableaux électriques de sécurité, le tableau électrique général « normal-remplacement » sont installés dans un local de service électrique dont le plancher haut et les parois sont coupe-feu de degré deux heures ou REI 120 et les dispositifs de franchissement coupe-feu de degré une heure ou EI 60. En outre, ce local ne peut être en communication directe qu'avec des locaux techniques ou des dégagements non visés à l'article GH 23.

§ 3. Les batteries d'accumulateurs et les matériels associés (chargeurs, onduleurs) sont installés dans un local de service électrique.

Toutefois ils peuvent être placés dans un local quelconque si le produit CU des batteries est inférieur ou égal à 1 000 et si celles-ci sont placées dans une enveloppe dont l'ouverture n'est autorisée qu'au personnel chargé de leur entretien et de leur surveillance.
Les alimentations sans interruption (ASI) d'une puissance inférieure ou égale à 3,5 kVA peuvent être installées dans les mêmes conditions.
Les batteries d'accumulateurs implantées dans les matériels des systèmes de sécurité incendie

respecte les règles d'installations de ces matériels.

§ 4. Le local abritant une batterie d'accumulateurs, ainsi que l'enveloppe éventuelle la contenant, est ventilé dans les conditions définies dans l'article 554.2 de la norme NF C 15-100. Si la ventilation est mécanique, elle est alimentée par une alimentation électrique de sécurité (AES).

§ 5. Les batteries de démarrage des groupes électrogènes ainsi que leur dispositif de charge peuvent être installées dans le même local que le groupe.

§ 6. Les locaux renfermant des appareils électriques contenant des diélectriques liquides donnant lieu à émission de vapeurs inflammables ou toxiques sont ventilés directement sur l'extérieur.

Article GH 42
Transformateurs de puissance

Les transformateurs de puissance peuvent être secs ou contenir un diélectrique liquide. Si les transformateurs contiennent un diélectrique liquide, le local comporte un cuvelage de rétention étanche dont les dimensions correspondent au volume total du diélectrique. Si le diélectrique est un liquide inflammable, la quantité ne doit pas être supérieure à 25 litres par cuve, bac, réservoir ou par groupe de tels récipients communicants.
Les transformateurs secs sont de classe F1 au sens de la norme NF EN 60-726.
Pour les locaux renfermant des transformateurs alimentant des installations de sécurité, si la ventilation est mécanique ou si un conditionnement d'air est prévu, le système de ventilation ou de conditionnement est alimenté par une alimentation électrique de sécurité (AES).

Article GH 43
Sources de sécurité et de remplacement

§ 1. Généralités :

a) La source de sécurité est propre à l'immeuble.

b) La source de remplacement est obligatoire.
Le maître d'ouvrage définit les installations qu'il prévoit de réalimenter par la source de remplacement en cas de défaillance de la source normale. Cette source de remplacement reprend au minimum l'éclairage de tous les dégagements et des locaux recevant plus de 50 personnes.

c) L'énergie nécessaire à l'alimentation des installations de sécurité est obtenue à partir d'au moins deux groupes électrogènes conformes à la norme NF S 61-940, dont la puissance nominale de chacun est au moins égale à la puissance nécessaire au démarrage et au fonctionnement de tous les équipements de sécurité de l'immeuble. Ces groupes constituent la source de sécurité de l'immeuble. Le temps maximal de commutation est de 10 secondes.
Toutes dispositions, tant de conception que de réalisation, sont prises pour qu'un incident survenant sur l'un des groupes électrogènes n'affecte pas le fonctionnement des autres groupes (écran incombustible par exemple).
Leur réserve de combustible permet d'assurer trente-six heures de fonctionnement.

d) La source de sécurité peut être utilisée comme source de remplacement à condition que les installations autres que celles de sécurité soient délestées automatiquement dès lors qu'il ne subsiste qu'un seul groupe de sécurité.

e) Les dispositions suivantes sont prises afin d'éviter des incidents lors d'actions de commutation :

— les installations sont conçues pour éviter la mise en parallèle de la source normale avec les sources de remplacement et de sécurité ;
— toutes les commandes automatiques des dispositifs de commutation sont doublées d'une commande locale manuelle ;
— les deux organes de coupure constituant chaque dispositif de commutation sont disposés de manière à éviter la propagation d'un court-circuit par ionisation de l'air.

§ 2. Les groupes électrogènes :

a) Les locaux où sont installés les groupes électrogènes ne doivent pas se trouver à un niveau supérieur au niveau accessible aux engins des pompiers, à moins que ces locaux ne soient en terrasse et que les groupes ne soient alimentés au gaz.
De plus, l'installation de groupes fonctionnant au gaz, qui ne peuvent être utilisés que comme source de remplacement, fait l'objet d'un examen par la commission centrale de sécurité.

b) Les locaux renfermant les groupes électrogènes sont largement ventilés sur l'extérieur, directement ou par un conduit.
Si la ventilation est mécanique ou si un conditionnement d'air est prévu, les ventilateurs sont alimentés par une alimentation électrique de sécurité (AES).

c) Lorsque le combustible utilisé est liquide, l'aménagement du local et l'alimentation en combustible respectent les dispositions suivantes :

— le sol du local est imperméable et former une cuvette étanche, le seuil des baies étant surélevé d'au moins 0,10 mètre et toutes dispositions sont prises pour que le combustible accidentellement répandu ne puisse se déverser par les orifices placés dans le sol ;
— si le local est en sous-sol, il est desservi par un conduit en matériau M0 ou A1 aux parois coupe-feu de traversée de même degré que celui des parois traversées et débouchant à l'extérieur, au niveau du sol, permettant la mise en œuvre du matériel de ventilation des pompiers, et fermé à l'aide d'un dispositif démontable sans outillage ; les canalisations de combustible sont fixes, étanches et rigides ;
— si une nourrice en charge alimente les moteurs, elle est munie :
— d'une tuyauterie de trop-plein de section au moins double de celle de la tuyauterie d'alimentation, sans point haut ;
— d'un ou plusieurs évents ;
— d'indicateurs de niveau insensibles aux chocs et aux variations de température ;
— le réservoir principal est en contrebas de la nourrice, ou s'il n'en existe pas, du moteur. Si cette disposition est impossible, l'alimentation du moteur est assurée par une tubulure en partie supérieure du réservoir et pourvue d'un dispositif anti-siphon doublé d'un second dispositif à commande manuelle ;
— un dispositif de coupure rapide de l'alimentation en combustible est placé à l'extérieur du local ;
— il existe un dispositif de jaugeage à distance ;
— un dépôt de sable d'au moins 100 litres et une pelle, ainsi que des extincteurs portatifs pour feux de classe B sont conservés au voisinage immédiat de la porte d'accès.

d) Dans le cadre des exceptions prévues à l'article R. 122-7 du code de la construction et de l'habitation et à l'article GH 36, le stockage et l'utilisation de combustibles liquides de deuxième catégorie sont autorisés pour l'alimentation des sources de remplacement et des sources de sécurité.

Le stockage se fait obligatoirement en réservoir fixe installé selon les règles techniques propres aux installations classées pour la protection de l'environnement, même lorsque sa capacité n'atteint pas le seuil de classement.

e) Les gaz de combustion sont évacués directement sur l'extérieur par des conduits qui sont réalisés en matériaux A1, être étanches et placés dans une gaine coupe-feu de degré deux heures ou EI 120.

f) Les groupes électrogènes font l'objet d'une maintenance régulière, d'essais conformes aux recommandations du constructeur et selon la périodicité minimale suivante :
— tous les quinze jours, vérification des niveaux d'huile, d'eau et de combustible, du dispositif de réchauffage du moteur et de l'état de la source utilisée pour le démarrage (batterie ou air comprimé) ;
— tous les mois, en plus des vérifications ci-dessus, essai de démarrage automatique avec une charge minimale de 50 % de la puissance du groupe en incluant le fonctionnement des installations de sécurité et fonctionnement avec cette charge pendant trente minutes.
Les interventions ci-dessus et leurs résultats sont consignés dans un registre d'entretien qui est tenu à la disposition de la commission de sécurité.
Une fois par an, un représentant de l'organisme agréé chargé de vérifier les installations électriques assiste aux essais mensuels prévus ci-dessus et vérifie la tenue à jour du carnet d'entretien du groupe électrogène.

§ 3. L'alimentation électrique de sécurité (AES) :

a) Les installations de sécurité doivent pouvoir être alimentées par une alimentation électrique de sécurité (AES), à partir de deux tableaux de sécurité tels que définis à l'article GH 3, distincts et indépendants l'un de l'autre. Chaque tableau doit pouvoir être alimenté par la source normale-remplacement et par la source de sécurité par l'intermédiaire de dispositifs commutant automatiquement sur une source en cas de défaillance de l'autre.
Chaque tableau de sécurité est installé dans un local de service électrique tel que défini à l'article GH 41. L'un des deux tableaux est installé dans un local réservé à son seul usage ; l'autre tableau peut être installé dans le même local que celui comprenant le tableau général normal-remplacement à condition d'en être séparé de manière à éviter la propagation d'un arc électrique.

b) La source de sécurité peut réalimenter les circuits à haute tension de l'installation de l'immeuble sous réserve de satisfaire aux dispositions du § 1 du présent article et aux conditions suivantes :

— les tableaux de sécurité doivent pouvoir être alimentés par au moins deux transformateurs installés dans deux locaux distincts, chacun des locaux étant alimenté par deux câbles haute tension (soit en double dérivation, soit en coupure d'artère). Chaque transformateur doit pouvoir être alimenté par la source normale-remplacement et par la source de sécurité. En cas de défaillance de l'un des transformateurs, l'ensemble des installations de sécurité doit pouvoir être réalimenté automatiquement par le ou les transformateurs restant en service ;
— toute canalisation à haute tension alimentant un poste de transformation desservant des installations de sécurité est installée dans un cheminement technique protégé réservé à cet usage dont les parois ont un degré coupe-feu deux heures ou EI 120.

Article GH 44
Circuits d'alimentation en énergie
des installations de sécurité

§ 1. Chaque installation de sécurité visée à l'article GH 3, à l'exception de l'éclairage minimal et de celles possédant une alimentation électrique de sécurité spécifique telles que le système de détection incendie, l'équipement d'alarme et le centralisateur de mise en sécurité incendie, est alimentée par deux canalisations issues chacune des tableaux de sécurité définis à l'article GH 3.
Ces canalisations sont sélectivement protégées, suivre des parcours distincts et aboutir au tableau situé à proximité immédiate de chaque installation de sécurité sur un dispositif commutant automatiquement l'alimentation sur la canalisation restant alimentée en cas d'absence de tension sur l'autre.

§ 2. Les installations ne comportent que des canalisations fixes, posées suivant les dispositions de la partie 5-52 de la norme NF C 15-100. Toutes les canalisations alimentant les installations de sécurité sont de catégorie C2, exclusivement installées dans des cheminements techniques protégés avec des parois coupe-feu de degré deux heures ou EI 120.
Il n'est pas nécessaire de placer ces canalisations à l'intérieur d'un cheminement ou d'un volume technique protégé lorsqu'elles sont situées à l'intérieur du même compartiment que les équipements qu'elles alimentent. Les canalisations alimentant les diffuseurs non autonomes de l'équipement d'alarme incendie sont de catégorie CR 1.

§ 3. Chaque circuit est protégé de telle manière que tout incident électrique l'affectant, par surintensité, rupture ou défaut à la terre, n'interrompe pas l'alimentation des autres circuits de sécurité alimentés par la même source.

§ 4. Les canalisations électriques alimentant les ventilateurs de désenfumage ne doivent pas comporter de protection contre les surcharges, mais seulement contre les courts-circuits. En conséquence, elles sont dimensionnées en fonction des plus fortes surcharges, estimées à 1,5 fois le courant nominal que peuvent supporter les moteurs.

§ 5. L'alimentation électrique des installations de sécurité réalisées à partir des tableaux de sécurité visés à l'article GH 3 se fait :

— soit suivant le schéma IT ;
— soit suivant le schéma TN. Si l'équipement de sécurité concerné ne fonctionne qu'en cas de sinistre (cas des ventilateurs de désenfumage), son isolement par rapport à la terre est surveillé en permanence pendant les périodes de non-utilisation par un contrôleur permanent d'isolement associé à un dispositif de signalisation.

Article GH 45
Canalisations des installations normales. — Remplacement

§ 1. Les installations ne comportent que des canalisations fixes, posées suivant les dispositions de la partie 5-52 de la norme NF C 15-100.

§ 2. Les circuits sont réalisés selon l'un des items suivants :
— soit en canalisations préfabriquées ;

— soit en conducteurs ou câbles de catégorie C2 s'ils sont situés à l'intérieur d'un cheminement technique protégé avec des parois coupe-feu de degré deux heures ou EI 120 ou à l'intérieur du même compartiment que les équipements qu'elles alimentent.

§ 3. Les conduits et les profilés utilisés pour les chemins de câbles, goulottes, cache-câbles, etc., sont du type non-propagateur de la flamme.

Article GH 46
Tableaux électriques

§ 1. Les tableaux de sécurité et le tableau général « normal-remplacement » sont installés dans les conditions de l'article GH 41, § 2.

§ 2. Les tableaux non visés au § 1 sont installés dans l'une des conditions suivantes :

— dans un local de service électrique ;
— dans une gaine technique ;
— dans tous locaux et dégagements à l'exception des circulations horizontales communes, à condition d'être enfermés dans une armoire ou un coffret métallique.

Article GH 47
Signalisations

En complément et indépendamment des signalisations prévues sur l'Unité de Signalisation (US) du système de sécurité incendie (SSI), les signalisations suivantes sont reportées au poste central de sécurité incendie :

— défauts d'isolement des installations réalisées en application de l'article GH 44, § 5 ;
— insuffisance de la réserve de combustible des groupes électrogènes ; cette signalisation étant commandée par le dispositif de jaugeage à distance visé à l'article GH 43, § 2c ;
— synthèse de la position ouverte des dispositifs de protection placés dans les tableaux de sécurité à l'exception des circuits terminaux d'éclairage et de télécommunication.

Article GH 48
Eclairage

§ 1. Généralités :

a)   Pour l'application de cet article, on appelle :
   — éclairage, celui qui est nécessaire pour permettre l'activité ;
   — éclairage minimal, la partie de l'éclairage maintenue en service en cas de défaillance de la source normale-remplacement.

b)   Les appareils assurant l'éclairage des dégagements sont fixes ou suspendus et reliés aux éléments stables de la construction.

c) Les parties externes des luminaires satisfont à l'essai au fil incandescent, la température du fil incandescent étant de :
— 850 °C pour les luminaires dans les escaliers et les circulations horizontales communes ;
— 650 °C pour les luminaires dans les locaux.

d) Les lampes mobiles d'appoint sont autorisées dans les locaux et dans les halls, en atténuation des dispositions du § b ci-dessus. Ces lampes sont alimentées par des canalisations de catégorie C2, d'une longueur aussi réduite que possible ne devant pas constituer une gêne à la circulation des personnes.

§ 2. Eclairage minimal :

a) L'éclairage minimal est obligatoire dans les circulations horizontales communes, les paliers, les escaliers et leur dispositif d'accès. Il permet une circulation facile, la visibilité de la signalisation d'orientation vers les escaliers et la bonne exécution des manœuvres intéressant la sécurité. Il est réalisé en réalimentant tout ou partie des circuits d'éclairage par la source de sécurité.

b) L'éclairage minimal de chaque dégagement horizontal commun et de chaque escalier est assuré par au moins deux circuits terminaux issus chacun d'un circuit principal distinct.
Chaque circuit principal est sélectivement protégé et suit un parcours distinct depuis chaque tableau de sécurité défini à l'article GH 3.
Chaque circuit terminal comporte, en amont de sa pénétration dans le compartiment, un dispositif sélectif de protection contre les surintensités, mais ne comporte pas d'autre dispositif de protection à l'intérieur du compartiment.
Les circuits terminaux sont conçus de manière que l'éclairement reste suffisant en cas de défaillance de l'un d'eux.
L'éclairage minimal fonctionne en permanence pendant la période d'occupation et ses dispositifs de commande ne sont accessibles qu'au personnel de sécurité.

c) L'éclairage minimal est réalisé avec des lampes dont le temps d'allumage n'excède pas 15 secondes.

d) En complément de l'éclairage minimal, des blocs autonomes d'évacuation, conformes aux dispositions de la norme NF EN 60598-2-22 (octobre 2000), sont installés dans les sas et les escaliers. Pour palier la défaillance de l'éclairage de remplacement prescrit à l'article GH 43, de tels blocs autonomes d'évacuation sont installés dans les circulations privatives ainsi que des blocs d'ambiance dans les locaux de plus de 50 personnes où la densité d'occupation est supérieure à une personne pour 10 mètres carrés.

Section IX
Moyens de secours

Article GH 49
Système de sécurité incendie

§ 1. Les immeubles de grande hauteur sont équipés d'un système de sécurité incendie (SSI) de catégorie

A (option IGH) comportant exclusivement des zones de détection automatique.

§ 2. Les dispositifs et équipements constituant le SSI répondent aux dispositions des articles MS 56, MS 57, § 2, MS 58, du règlement de sécurité des établissements recevant du public.

§ 3. Les parois des cheminements et volumes techniques protégés (tels que définis à l'article GH 3) contenant les canalisations et les matériels appartenant au système de sécurité incendie sont coupe-feu de degré deux heures ou EI 120.
Toutefois, la paroi d'un cheminement technique protégé peut être coupe-feu de degré une heure ou EI 60 si elle se trouve dans un volume technique protégé.
Les éventuelles trappes d'accès des cheminements et les blocs-portes des volumes techniques protégés sont coupe-feu de degré une heure, munies d'un ferme-porte ou EI 60 - C.

§ 4. Les détecteurs d'incendie sont implantés :

— dans les circulations horizontales communes ;
— dans les circulations horizontales privatives ;
— dans les locaux visés à l'article GH 71 ;
— dans les locaux ou volumes cités aux articles GH 10, GH 18, § 2 et § 3, GH 30 et GH 61, § 3 ;
— dans tous les locaux à risques particuliers définis dans le livre II du règlement de sécurité des établissements recevant du public.

§ 5. La zone de diffusion d'alarme est limitée à un compartiment.

§ 6. La sensibilisation d'un détecteur entraîne automatiquement et sans temporisation le scénario de mise en sécurité pour le seul compartiment concerné. Ce scénario est adapté selon les cas suivants :

6.1. Détection dans une circulation horizontale commune :

— déclenchement de l'alarme restreinte au poste central de sécurité incendie ;
— arrêt de la climatisation ou de la ventilation lorsqu'elle est propre au compartiment, ainsi que tout autre arrêt d'installation technique jugé nécessaire.

a) Fonction évacuation :

— alarme générale ; l'alarme sonore devant être audible dans le seul compartiment sinistré et de tout point de ce compartiment ;
— déverrouillage des portes des sorties de secours situées au niveau d'évacuation des occupants sur l'extérieur ;
— déverrouillage des portes destinées à l'accès des services publics de secours et de lutte contre l'incendie ;
— déverrouillage des dispositifs de contrôle d'accès visés à l'article GH 27.

b) Fonction compartimentage :
— fermeture de l'ensemble des dispositifs actionnés de sécurité (clapets, portes, trappes à fermeture automatique des gaines de monte-courrier ou de transport mécanisé de documents ou autres objets...) ;
— non arrêt des cabines d'ascenseurs et de monte-charges dans le compartiment concerné ;
— départ immédiat de tout ascenseur ou monte-charges stationnant dans le compartiment concerné.

c) Fonction désenfumage :
— mise en surpression des cages d'escalier encloisonnées ;
— désenfumage ou mise en surpression des dispositifs d'intercommunication visés à l'article GH 25 ;
— désenfumage des circulations horizontales communes concernées.

Lorsqu'un compartiment comprend plusieurs niveaux, la fonction désenfumage n'est activée qu'au niveau où la détection incendie a été sensibilisée.

6.2. Détection dans une circulation horizontale privative :
Le scénario de mise en sécurité est identique à celui prévu au § 6.1 ci-avant, à l'exception de la fonction désenfumage.

6.3. Détection dans l'un des locaux visés à l'article GH 71 :
— déclenchement de la fonction évacuation et des asservissements propres à ces locaux ou volumes.

6.4 Détection dans un local ou volume défini aux deux derniers tirets du § 4 ci-dessus :
— déclenchement de l'alarme restreinte au poste central de sécurité incendie et des asservissements propres à ce local ou volume.

§ 7. La sensibilisation d'un détecteur dans un compartiment autre que celui au sein duquel le processus de mise en sécurité est actionné y entraîne :
— s'il dispose d'un réseau de désenfumage différent, les automatismes définis aux §s 6.1, 6.2, 6.3 ou 6.4 selon le cas ;
— s'il dispose du même réseau de désenfumage, les automatismes définis aux §s 6.1 à l'exception du désenfumage, 6.2, 6.3 ou 6.4 selon la localisation du détecteur d'incendie sensibilisé.

Article GH 50
Alerte

§ 1. Alerte intérieure :

Des dispositifs phoniques (téléphones sans cadran, interphones, etc.) permettant de donner l'alerte au poste central de sécurité incendie sont installés à tous les niveaux des immeubles, dans les circulations horizontales communes, à proximité immédiate de chaque escalier, dans les dispositifs d'intercommunication et, au rez-de-chaussée, à proximité des sorties. Ils sont placés à une hauteur d'environ 1,30 mètre au-dessus du niveau du sol et ne pas être dissimulés par le vantail d'une porte lorsque celui-ci est maintenu ouvert. De plus, ils ne doivent pas présenter une saillie supérieure à 0,10 mètre. Ils sont de couleur rouge, pourvus d'un dispositif de protection contre les manœuvres accidentelles et leur usage est clairement identifié.

§ 2. Alerte extérieure :

Les services publics de secours et de lutte contre l'incendie doivent pouvoir être alertés immédiatement. Les modalités d'appel sont affichées de façon apparente, permanente et inaltérable près des appareils téléphoniques.

Les liaisons nécessaires sont assurées selon la classe d'immeuble :
— soit par téléphone urbain ;
— soit par ligne téléphonique reliée directement au centre de traitement des appels des services précités les plus proches ;
— soit par un dispositif équivalent.

Le dispositif équivalent prévu ci-dessus satisfait aux conditions suivantes :
— faire l'objet d'un avis favorable de la commission de sécurité ;
— être à poste fixe ;
— aboutir à un centre de réception de l'alerte défini en accord avec la direction départementale des

services d'incendie et de secours ;
— établir la liaison à partir d'une seule manœuvre élémentaire simple (au décroché, bouton poussoir, etc.) ;
— permettre l'identification automatique de l'établissement ;
— permettre la liaison phonique ;
— permettre des essais périodiques définis en accord avec la direction départementale des services d'incendie et de secours.

Article GH 51
Moyens de lutte contre l'incendie

§ 1. Des extincteurs portatifs appropriés aux risques, conformes aux dispositions des articles MS 38 et MS 39 du règlement de sécurité des établissements recevant du public sont installés près des dispositifs d'accès aux escaliers et, le cas échéant, près des dispositifs d'intercommunication entre compartiments. Ils sont également placés à tous les niveaux des immeubles, à proximité des accès aux locaux présentant des dangers particuliers d'incendie.
Des extincteurs de 6 litres à eau pulvérisée sont judicieusement répartis, avec un minimum d'un appareil par 200 m² et un minimum de deux appareils par compartiment et par niveau.

§ 2. Il y a à chaque niveau autant de robinets d'incendie armés DN 25/8 que d'escaliers. Les robinets d'incendie armés, conformes aux dispositions des articles MS 14 à MS 17 du règlement de sécurité des établissements recevant du public, sont toujours installés dans les circulations horizontales communes, à proximité et hors des dispositifs d'accès aux escaliers. Ils ne doivent jamais se trouver sur les paliers d'ascenseurs qui peuvent être isolés par des portes coupe-feu au moment du sinistre. Ils sont disposés de telle façon que toute la surface des locaux puisse être efficacement atteinte par un jet de lance. Ces robinets d'incendie armés peuvent être alimentés par les colonnes en charge. La pression minimale au robinet d'arrêt du robinet d'incendie armé le plus défavorisé est de 4 bars en régime d'écoulement.

§ 3. Un système d'extinction automatique du type sprinkleur respectant les dispositions de l'article MS 25 du règlement de sécurité des établissements recevant du public ou une installation fixe d'extinction automatique appropriée aux risques existants ayant fait l'objet d'un avis favorable de la commission de sécurité est installé dans les compartiments et locaux visés aux articles GH 25, § 6 et GH 61, § 2. Un même système ou une autre installation d'extinction automatique au sens de l'article MS 30 du règlement précité peut être exigé dans les locaux présentant un risque particulier d'incendie.
L'alimentation d'un de ces systèmes à partir des colonnes en charge peut être autorisée sous réserve que les débits et pressions prévus à l'article GH 55 soient conservés lors de leur fonctionnement. Toutefois, si un système d'extinction automatique de type sprinkleur couvre l'ensemble de l'immeuble, il dispose d'une alimentation indépendante.

§ 4. Les autres moyens de lutte utilisés en complément des moyens indiqués ci-dessus sont conformes aux prescriptions des articles MS du règlement de sécurité des établissements recevant du public.

Article GH 52
Alimentation des secours en eau

§ 1. Les immeubles de grande hauteur sont alimentés en eau potable, à partir du réseau public, par au moins deux branchements d'un diamètre minimal de 100 millimètres.
Les canalisations issues de ces branchements doivent être équipées de vannes et pouvoir être mises en communication pour qu'une seule canalisation puisse éventuellement fournir le débit nécessaire aux

secours contre l'incendie et au service normal de l'immeuble.
Les canalisations ne peuvent être branchées sur une canalisation unique du réseau public que si cette dernière est alimentée à ses deux extrémités et comporte une vanne d'isolement entre les deux branchements.

§ 2. L'équipement hydraulique de l'immeuble est réalisé de manière que tout incident sur une canalisation ou un appareil n'affecte pas l'alimentation en eau des équipements de secours.

Article GH 53
Appareils d'incendie et évacuation de l'eau

§ 1. Les bouches ou poteaux d'incendie sont installés conformément aux dispositions de l'article MS 5 du règlement de sécurité des établissements recevant du public. La distance les séparant des raccords d'alimentation des colonnes sèches ou des raccords d'alimentation de secours des colonnes en charge n'excède pas 60 mètres.

§ 2. Les colonnes sèches ou en charge doivent pouvoir être alimentées ou réalimentées à raison de 1 000 litres par minute par colonne.
Le nombre d'appareils d'incendie est déterminé par les services d'incendie et de secours avec un minimum de deux appareils par immeuble de grande hauteur.
Le débit simultané est fixé en fonction du nombre d'appareils d'incendie demandé.

§ 3. Des dispositions sont prises, sans altérer la qualité coupe-feu des planchers, pour que l'eau déversée dans un étage au moment d'un sinistre n'envahisse pas les escaliers ni les gaines d'ascenseurs et de monte-charge.

Article GH 54
Colonnes sèches

§ 1. Les immeubles de hauteur inférieure ou égale à 50 mètres au sens de l'article R. 122-2 du code de la construction et de l'habitation sont équipés sur toute leur hauteur de colonnes sèches.
Pendant la construction de l'immeuble, l'une de ces colonnes sèches est installée de façon à pouvoir être utilisée à chaque niveau dès le début des travaux de second œuvre.

§ 2. Il y a une colonne sèche de diamètre nominal 100 millimètres par escalier ; cette colonne sèche comporte :
— deux raccords d'alimentation de 65 millimètres placés à proximité des accès utilisables par les services d'incendie et de secours et dont les zones respectives de desserte sont clairement indiquées ;
— une prise simple de 65 millimètres et deux prises simples de 40 millimètres situées dans les dispositifs d'intercommunication à chaque niveau.

Article GH 55
Colonnes en charge

§ 1. Les immeubles d'une hauteur supérieure à 50 mètres au sens de l'article R. 122-2 du code de la construction et de l'habitation sont équipés sur toute leur hauteur de colonnes en charge.

Pendant la construction de l'immeuble, l'une de ces colonnes est installée de façon à pouvoir être utilisée à chaque niveau dès le début des travaux de second œuvre. Son utilisation provisoire en colonne sèche peut être admise jusqu'à 100 mètres.

§ 2. Elles ne doivent pas être exposées au risque de gel, et sont situées dans chaque escalier. Toutefois, une colonne en charge peut être commune à un escalier desservant les niveaux en infrastructure et un escalier desservant les niveaux en superstructure s'ils sont superposés. Elles comportent une prise simple de 65 millimètres et deux prises simples de 40 millimètres situées dans les dispositifs d'intercommunication à chaque niveau.

§ 3. Leur dispositif d'alimentation (réservoirs en charge, surpresseurs, pompes, etc.) assure en permanence, à l'un quelconque des niveaux et dans chaque colonne, un débit de 1 000 litres par minute sous une pression comprise entre 7 et 9 bars.

§ 4. Les réservoirs ont une capacité telle que 120 m³ au moins soient exclusivement réservés au service d'incendie. Ils sont alimentés en permanence par les moyens propres à l'immeuble prévus à l'article GH 52, § 1, avec un débit minimal de 1 000 litres par minute.
Cette capacité pourra être réduite à 60 m³ dans les immeubles de hauteur inférieure à 100 mètres et de moins de 750 m² de superficie par compartiment, à condition que ces réservoirs puissent être réalimentés par l'un des deux moyens suivants :

— soit automatiquement par les moyens propres de l'immeuble avec un débit minimal de 1 000 litres par minute ;
— soit par les pompiers, à partir d'une colonne sèche de 100 millimètres.

§ 5. Lorsque les réservoirs sont placés en partie basse d'un immeuble, chaque colonne en charge est alimentée de manière indépendante à partir du collecteur ou de la nourrice situé en aval des surpresseurs.

§ 6. Chaque colonne en charge comporte deux raccords d'alimentation de secours de 65 millimètres et placés à proximité des accès utilisables par les services publics de secours et de lutte contre l'incendie et dont les zones respectives de desserte sont clairement indiquées.

Article GH 56
Equipements visant à favoriser l'action des pompiers

§ 1. Tout immeuble de grande hauteur dispose d'un poste central de sécurité incendie (PCS) à usage exclusif des personnels chargés de la sécurité incendie.

Le PCS :
— est aménagé au niveau et à proximité de l'accès des services publics de secours et de lutte contre l'incendie ;
— présente une surface d'au moins 50 m², hors base de vie ;
— est constitué de parois coupe-feu de degré une heure ou REI 60 et de blocs-portes pare-flammes de degré une demi-heure ou E 30 ou de parois coupe-feu de degré deux heures ou REI 120 et de blocs-portes, pare-flammes de degré une heure ou E 60 s'il est contigu à un local contenant un risque particulier d'incendie ;
— dispose des installations permettant notamment au service de sécurité incendie et d'assistance à personnes d'assurer ses missions de surveillance.
Dans le cas où les accès et sorties de l'immeuble de grande hauteur sont tous verrouillés, un interphone permet aux services publics de secours et de lutte contre l'incendie de contacter les personnels du PCS

depuis l'accès qui leur est habituellement réservé.

§ 2. Outre les prises d'incendie prévues aux articles GH 54 et GH 55 ci-dessus, les dispositifs d'intercommunication avec les escaliers et les compartiments prévus à l'article GH 25 comportent :

a) Le numéro de l'étage, inscrit sur la porte de l'escalier donnant accès à chaque niveau, côté escalier.
b) Un plan du niveau qui indique notamment :
— le repérage du dispositif d'accès où le plan est affiché ;
— la distribution générale du niveau ;
— l'emplacement des ouvrants de désenfumage et de leurs commandes d'ouverture ainsi que des dispositifs d'évacuation d'eau ;
— l'emplacement des moyens de secours, des vannes d'arrêt et du téléphone d'alerte.

§ 3. Le service de sécurité incendie et d'assistance à personnes doit pouvoir mettre à la disposition des services publics de secours et de lutte contre l'incendie, au moment du sinistre, le matériel et les documents suivants :

— quatre appareils émetteurs-récepteurs radio au moins, pour l'ensemble de l'immeuble. Le fonctionnement de ces derniers est possible dans la totalité de l'immeuble de grande hauteur ;
— les commandes d'ascenseur prévues à l'article GH30, § 3 ;
— des plans détaillés de l'immeuble.

Chapitre III

Dispositions concernant les obligations des propriétaires et des occupants

Article GH 57
Mandataire et suppléant

Lorsqu'un mandataire est désigné par le propriétaire pour assurer l'exécution des obligations qui leur incombent, conformément aux dispositions de l'article R. 122-14 du code de la construction et de l'habitation, le propriétaire porte les noms du mandataire et de son suppléant à la connaissance du maire qui en informe le secrétariat de la commission consultative départementale de sécurité et d'accessibilité.

Le mandataire de sécurité et son suppléant doivent pouvoir :
— justifier d'une bonne connaissance des dispositions du présent règlement de sécurité ;
— être contactés facilement par l'autorité administrative ;
— se présenter rapidement à l'adresse de l'immeuble concerné.

Article GH 58
Rôle du mandataire et de son suppléant

Le rôle du mandataire de sécurité en immeuble de grande hauteur s'inscrit dans le cadre de l'application du règlement de sécurité incendie défini à l'article R. 122-4 du code de la construction et de l'habitation. Il consiste à :

— être l'unique interlocuteur auprès des autorités administratives pour tout ce qui touche à l'application du règlement de sécurité incendie, conformément à l'article R. 122-15 du code de la construction et de l'habitation ;
— assister aux visites périodiques des commissions de sécurité ;
— apposer son visa sur les dossiers techniques de travaux prévus aux articles GH 4 et GH 65, proposés par le syndic et transmis aux services publics ;
— informer sans délai le propriétaire et le syndic sur le contenu des notifications émises par les services publics, des rapports de vérifications des organismes agréés pour effectuer les vérifications réglementaires dans les immeubles de grande hauteur et des devis nécessaires au maintien en état des installations techniques de sécurité ;
— vérifier que les dispositions relatives à la sécurité incendie sont réalisées par le propriétaire, notamment :

> — que des contrats sont souscrits auprès d'entreprises qualifiées et d'organismes agréés pour répondre à l'obligation de vérifications techniques suivant les périodicités réglementaires ;
> — que les visites de vérifications techniques réglementaires précitées sont effectuées selon les périodicités exigibles ;
> — que le service de sécurité incendie et d'assistance à personnes est en place et assuré par du personnel qualifié selon les textes en vigueur (arrêté du 2 mai 2005 modifié) ;
> — que les consignes générales et particulières sur la conduite à tenir en situation normale, en cas d'incendie ou lors d'incident sur une installation de sécurité sont mises en place auprès du service de sécurité incendie et d'assistance à personnes ;
> — que les contrats de maintenance des installations de sécurité existent et correspondent aux besoins des installations techniques ;

— il présente sans délai au propriétaire ou aux copropriétaires la liste des observations émises par les organismes agréés (ou les entreprises qualifiées) devant entraîner des travaux correctifs ;
— il vérifie le bien-fondé des travaux ayant trait à la sécurité incendie qui sont suggérés par les entreprises de maintenance ou proposés par le syndic ;
— il effectue un certain nombre de visites sur le site par an s'il n'y travaille pas en permanence et se tient parfaitement informé de l'évolution des dossiers dont il a la charge ;
— il s'assure de l'existence et de la mise à jour du dossier technique amiante (DTA) de l'immeuble.
Le mandataire suppléant complète l'action du mandataire de sécurité.

Article GH 59
Entretien des installations

Le propriétaire est tenu de faire effectuer en application de l'article R. 122-16 du code de la construction et de l'habitation l'entretien des installations techniques et de sécurité de l'immeuble.
Les installations techniques et de sécurité de l'immeuble sont exploitées par des personnes compétentes, et maintenues en bon état de fonctionnement. Elles font toujours l'objet d'un contrat d'entretien.

La preuve de l'existence des contrats d'entretien, les fiches de procédures, les consignes écrites d'exploitation et les rapports de vérifications sont annexés au registre de sécurité.
Les agents composant le service de sécurité incendie et d'assistance à personnes connaissent et appliquent les procédures d'exploitation de ces installations pour en faire usage de façon opportune.

Article GH 60
Surveillance, exercices, information des locataires

Le propriétaire :

1. Met en place, dès le début des travaux de second œuvre, un service permanent de sécurité incendie et d'assistance à personnes, ainsi que des moyens de secours appropriés aux risques à combattre.

2. Organise au moins une fois chaque année dans les immeubles visés à l'article R. 122-17 du code de la construction et de l'habitation, un exercice d'évacuation de chaque compartiment avec mise en œuvre des fonctions de sécurité après sensibilisation d'un détecteur automatique d'incendie dans une circulation horizontale commune.

3. Prévoit l'évacuation de première et deuxième phase de l'immeuble et de procéder à des exercices. Une note définissant l'organisation de l'évacuation de l'immeuble est établie par le propriétaire et tenue à la disposition de la commission de sécurité. Les modalités précisant la prise en charge des personnes en situation de handicap figurent dans cette note. De la même façon, une note définissant les modalités de la réalisation d'une évacuation générale de l'immeuble est établie.

4. Etablit et affiche les consignes d'incendie et les plans d'évacuation dans les circulations horizontales communes près des accès aux escaliers et aux ascenseurs.

5. Informe les occupants des conditions dans lesquelles est assurée la protection contre l'incendie de l'immeuble et de leur rappeler l'importance du respect des diverses dispositions de sécurité.
En particulier, le propriétaire joint aux actes de vente et contrats de location une notice relative aux obligations des occupants, notamment celles qui résultent des dispositions des articles R. 122-7 et R. 122-18 du code de la construction et de l'habitation et de l'article GH 64.

Article GH 61
Limitation de la charge calorifique surfacique

§ 1. En exécution des dispositions de l'article R. 122-18 du code de la construction et de l'habitation, la charge calorifique des éléments non pris en compte au titre de l'article GH 16 (revêtements, mobilier et agencement, stores,...), est inférieure à 480 MJ/m² de surface hors œuvre nette en moyenne par compartiment.
Si la limite fixée à l'article GH 16 n'est pas atteinte, le maître d'ouvrage ou le propriétaire peut ajouter la différence calorifique disponible par compartiment à la valeur limite fixée ci-dessus.

§ 2. Toutefois, si un compartiment est protégé en totalité par une installation fixe d'extinction automatique de type sprinkleur ou une installation fixe d'extinction automatique appropriée aux risques existants, la valeur ci-dessus peut être portée à 680 MJ/m².

§ 3. En application de l'article GH 11, des locaux peuvent être spécialement aménagés pour une charge calorifique surfacique supérieure aux valeurs définies au § 1 ci-dessus. Dans ce cas, la charge calorifique surfacique de ces locaux n'est pas prise en compte pour le calcul de la valeur moyenne du compartiment concerné et les conditions suivantes sont respectées :

a) Leur surface hors œuvre nette est inférieure à 100 m² ;

b) Leur protection est assurée par un système d'extinction automatique de type sprinkleur ou une installation fixe d'extinction automatique appropriée aux risques existants ayant fait l'objet d'un avis favorable de la commission de sécurité ;

c) Leurs parois ont un degré coupe-feu de :

— trois heures ou REI 180 pour une charge calorifique surfacique totale inférieure à 880 MJ/m² de surface hors œuvre nette ;
— quatre heures ou REI 240 pour une charge calorifique surfacique totale comprise entre 880 et 1 280 MJ/m² de surface hors œuvre nette ;
— six heures ou REI 360 pour une charge calorifique surfacique totale supérieure à 1 280 MJ/m² mais inférieure à 1 680 MJ/m² de surface hors œuvre nette.

Toutefois, dans ces trois cas, le degré coupe-feu peut être limité à deux heures, si le compartiment est protégé en totalité par un système d'extinction automatique de type sprinkleur.

d) Le degré de stabilité au feu des éléments porteurs de la structure, contigus ou inclus dans ces locaux, est égal au degré coupe-feu de leurs parois ;

e) Leurs dispositifs d'intercommunication étanches aux fumées en position de fermeture sont coupe-feu de degré deux heures ou EI 120 et ne doivent pas être en communication directe avec des dégagements ou des circulations horizontales communes. Dans le cas où le dispositif d'intercommunication est constitué par un sas équipé de deux blocs-portes, ces dernières sont coupe-feu de degré une demi-heure au moins ou EI 30 - C.

§ 4. Lorsque les locaux visés au § 3 ci-dessus sont exclusivement réservés à l'archivage de papiers, aucune limitation n'est apportée à la charge calorifique si les conditions fixées aux alinéas a, b, et e dudit § sont respectées et si, en outre, les parois de ces locaux sont coupe-feu de degré quatre heures ou REI 240 et les éléments porteurs visés au d ci-dessus sont stables au feu de degré six heures ou R 360.

§ 5. Dans les locaux autres que les locaux d'habitation, les occupants sont tenus de faire établir, par un organisme agréé, un rapport de vérification de conformité de la charge calorifique. Ce rapport est établi dans l'année qui suit l'installation dans les lieux ou toute modification importante de l'aménagement, puis périodiquement tous les cinq ans.

§ 6. Par dérogation à l'article GH 64, dans les halls d'entrée d'immeubles, la charge calorifique surfacique est limitée à 50 MJ/m² de surface hors œuvre nette ou 100 MJ/m² de surface hors œuvre nette s'il existe une installation d'extinction automatique fixe adaptée aux risques, dans le hall.

§ 7. Les locataires autres que ceux occupant des locaux d'habitation doivent pouvoir justifier au propriétaire ou au mandataire de sécurité que les locaux qu'ils occupent ne dépassent pas les charges calorifiques autorisées.

Article GH 62
Service de sécurité incendie
et d'assistance à personnes

§ 1. La composition et les missions particulières du service de sécurité incendie et d'assistance à personnes, prévues par l'article R. 122-17 du code de la construction et de l'habitation et l'article GH 60 ci-dessus sont précisées par les dispositions propres à chaque classe d'immeuble. Le service de sécurité incendie et d'assistance à personnes est placé sous la direction d'un chef de service de sécurité incendie ; celui-ci ne peut avoir la responsabilité que d'un seul poste central de sécurité incendie.
Un arrêté du ministre de l'intérieur définit les modalités de qualification du personnel permanent du service de sécurité incendie et d'assistance à personnes.

§ 2. Le chef d'équipe et les agents permanents de ce service ne sont jamais distraits de leur fonction spécifique de sécurité incendie, d'assistance à personnes et de maintenance technique liée aux installations de sécurité incendie. Ils ont reçu une instruction technique spécialisée concernant les systèmes de sécurité incendie et les domaines relevant de la sécurité incendie et de l'assistance à personnes.
Ils se trouvent en liaison permanente avec le poste central de sécurité incendie et sont rassemblés dans les meilleurs délais.

§ 3. Ce service est chargé de l'organisation générale de la sécurité incendie dans l'immeuble. Il a notamment pour missions :

— d'assurer une permanence au poste central de sécurité incendie ;
— de diriger les secours en attendant l'arrivée des services publics de secours et de lutte contre l'incendie ; le chef d'équipe du service de sécurité incendie et d'assistance à personnes ou son remplaçant se met ensuite aux ordres du commandant des opérations de secours ;
— de faire appliquer les consignes en cas d'incendie ;
— d'organiser des rondes pour prévenir et détecter les risques d'incendie, y compris dans les locaux non occupés ;
— de veiller au bon fonctionnement de tout le matériel de protection contre l'incendie, d'en effectuer ou faire effectuer l'entretien et de tenir à jour le registre de sécurité prévu à l'article R. 122-29 du code de la construction et de l'habitation ;
— d'instruire, d'entraîner et de diriger le personnel chargé dans certaines classes d'immeuble de grande hauteur de l'application des consignes d'évacuation et de l'utilisation des moyens de premiers secours dans chaque compartiment ;
— de surveiller les travaux visés à l'article GH 65 et, le cas échéant, de délivrer les permis de feu ;
— d'assurer aux membres de la commission de sécurité en visite de contrôle l'accès à tous les locaux communs de l'immeuble ;
— d'être en mesure de recevoir les informations relatives au fonctionnement des ascenseurs et de faire appliquer les consignes lors du blocage d'un ascenseur.

§ 4. Un service de sécurité incendie et d'assistance à personnes peut être commun à plusieurs immeubles de grande hauteur aux conditions suivantes :
— il est installé dans un poste central de sécurité incendie ;
— l'emplacement, la surface, les moyens de liaison, les installations permettant d'assurer les missions dévolues au service de sécurité incendie et d'assistance à personnes et, notamment la définition des reports d'informations des systèmes de sécurité incendie des différents immeubles de grande hauteur, ainsi que la composition de ce service sont définis au cas par cas ;

— le service est placé sous une direction unique ;
— il est en mesure d'activer le poste central de sécurité incendie de chaque immeuble de grande hauteur en cas d'intervention des services publics de secours et de lutte contre l'incendie ;
— le poste central de sécurité incendie de chaque immeuble de grande hauteur est situé à une distance maximale de 100 mètres du poste central de sécurité incendie commun par les cheminements piétons praticables.
Ces dispositions font l'objet d'un avis de la commission de sécurité.

Article GH 63
Mise en sécurité des occupants

§ 1. Lors du déclenchement d'une alarme incendie dans un compartiment, les occupants réalisent une évacuation de première phase en rejoignant un compartiment non concerné. Ils peuvent ensuite effectuer une évacuation de seconde phase en se rendant à un point de regroupement défini au préalable conformément aux dispositions de l'article GH 60. Au(x) niveau(x) d'évacuation des piétons vers l'extérieur, une évacuation de première phase peut être réalisée directement à l'extérieur de l'immeuble de grande hauteur.

§ 2. L'évacuation de première phase des personnes en situation de handicap, notamment des personnes à mobilité réduite, est réalisée par un déplacement horizontal au niveau où elles se trouvent jusqu'à un autre compartiment ou un espace d'attente sécurisé défini à l'article GH3. Cette évacuation de première phase s'effectue sans traverser le volume sinistré.

Article GH 64
Interdictions diverses

Il est interdit aux propriétaires, aux occupants et aux exploitants :

— d'introduire, de stocker et d'utiliser des combustibles solides, liquides ou gazeux et des hydrocarbures liquéfiés hors des cas prévus aux articles GH 11, GH 37, GH 43 et GH 65 ; cette interdiction ne s'applique pas aux infirmeries et locaux de soins ainsi qu'aux équipements de soins familiaux sous réserve que les quantités stockées soient limitées à la consommation courante et aux appareils électroménagers non destinés aux opérations de cuisson ;
— de déposer ou d'installer des objets ou matériels pouvant concourir au non respect des dispositions prévues par les articles GH 23 et GH 61 dans les dégagements communs ;
— de procéder à l'application de nouveaux revêtements de parois avant d'avoir enlevé la totalité des revêtements anciens ;
— de procéder à tous travaux ou modifications susceptibles de diminuer les qualités de réaction et de résistance au feu imposées à certains éléments immobiliers par le présent règlement (plancher, plafond, portes, etc.).

Article GH 65
Précautions à prendre durant certains travaux

§ 1. Les travaux de maintenance, d'entretien et de nettoyage susceptibles d'entraîner une gêne dans l'évacuation des personnes ou de créer des dangers d'éclosion et d'extension du feu font l'objet de mesures de prévention adaptées de la part du service de sécurité incendie et d'assistance à personnes de l'immeuble.

§ 2. Une autorisation est sollicitée en application des dispositions de l'article R. 122-11-1 du code de la construction et de l'habitation :
— si la gêne doit excéder quarante-huit heures ;
— si les travaux nécessitent l'introduction dans l'immeuble, par dérogation à l'article GH 36, d'appareils utilisant des combustibles liquides ou gazeux en quantité excédant 21 kg ;
— si les travaux, quelle qu'en soit la durée, sont susceptibles d'entraver l'intervention des services publics de secours et de lutte contre l'incendie.

La demande d'autorisation est présentée un mois avant le début des travaux, accompagnée des documents permettant de juger de leur importance et des mesures de protection retenues. L'autorisation précise éventuellement les conditions spéciales à observer ; une copie est transmise au centre de secours où l'immeuble est répertorié. Sans réponse de l'administration dans le délai visé à l'alinéa précédent, l'autorisation est réputée accordée.

§ 3. Toutefois, en cas d'urgence, les travaux mentionnés au § 2 ci-dessus peuvent être réalisés immédiatement sous réserve qu'une déclaration mentionnant la nature des travaux entrepris et leurs mesures compensatrices prises soit adressée à l'autorité désignée à l'article R. 122.11-1 du code de la construction et de l'habitation.

§ 4. Les travaux dits « par points chauds » (soudage, oxycoupage, meulage,...) font l'objet de l'établissement d'un permis de feu tel que défini à l'article GH 3.

TITRE II

DISPOSITIONS COMPLÉMENTAIRES RELATIVES AU CLASSEMENT DES IMMEUBLES ET À L'INDÉPENDANCE DES VOLUMES SITUÉS DANS LEURS EMPRISES

Chapitre Ier

Généralités

Article GH 66
Immeuble de grande hauteur abritant
plusieurs classes d'activités

Le classement d'un immeuble abritant des classes d'activités différentes est effectué en retenant l'usage principal de l'immeuble. Le ou les autre(s) usages sont précisés. Dans ce cas, les dispositions générales s'appliquent ainsi que les dispositions particulières à chaque classe d'immeuble dans chacune des parties concernées. L'application coordonnée de ces dispositions fait l'objet d'un document soumis à l'avis de la commission de sécurité.

Chapitre II

Indépendance des volumes situés dans l'emprise d'un immeuble de grande hauteur

Article GH 67
Implantation

Conformément aux dispositions de l'article R. 122-2 du code de la construction et de l'habitation, ne sont pas considérés comme faisant partie de l'immeuble, les volumes situés en partie basse de cet immeuble qui répondent aux conditions d'indépendance et aux mesures de sécurité fixées dans le présent chapitre. Ces volumes peuvent comporter des établissements recevant du public tels que définis à l'article R. 123-2 du code de la construction et de l'habitation s'ils sont aménagés sur trois niveaux consécutifs, dont l'un est obligatoirement un niveau d'accès des engins des services publics de secours et de lutte contre l'incendie.

Article GH 68
Isolement par rapport à l'immeuble de grande hauteur

§ 1. Les parois et planchers séparant les volumes définis à l'article GH 67 et un immeuble de grande hauteur sont coupe-feu de degré trois heures ou REI 180. Les éléments porteurs de l'immeuble de grande hauteur traversant ces volumes sont stables au feu de degré trois heures ou R 180.

§ 2. Une seule communication est autorisée avec l'immeuble de grande hauteur.
Cette communication est réalisée au moyen d'un dispositif d'intercommunication coupe-feu de degré trois heures ou EI 180, muni de deux blocs-portes coupe-feu de degré une heure, équipés d'un ferme-porte ou EI 60 - C.
Le dispositif d'intercommunication est en surpression en cas d'incendie. Si les portes sont maintenues ouvertes pour des raisons d'exploitation, elles répondent aux dispositions de l'article CO 47 §s 1 à 3 du règlement de sécurité des établissements recevant du public.
Le système de détection incendie de l'immeuble de grande hauteur comprend un détecteur situé à l'intérieur du volume tiers, à proximité immédiate du dispositif d'intercommunication.
Ce détecteur commande la fermeture des portes du dispositif d'intercommunication et sa mise en surpression.
Ce dispositif d'intercommunication est placé sous la responsabilité du propriétaire de l'immeuble de grande hauteur ou de son mandataire.

§ 3. Afin d'éviter la propagation verticale du feu entre ces volumes et l'immeuble de grande hauteur, les mesures suivantes sont appliquées suivant le cas :
— lorsque ces volumes ne dépassent pas l'aplomb de la façade de l'immeuble de grande hauteur, le C+D entre ces volumes et les parties de l'immeuble de grande hauteur qui les dominent est supérieur à 1,50

mètre ;
— dans les autres cas, la toiture de ces volumes est réalisée en éléments de construction stables au feu et pare-flammes de degré deux heures ou RE 120 jusqu'à une distance de 8 mètres mesurée horizontalement à partir de la façade de l'immeuble de grande hauteur.

Article GH 69
Isolement entre les établissements recevant du public
situés à l'intérieur des volumes définis à l'article GH 67

Les parois séparant deux ou plusieurs établissements recevant du public contigus situés à l'intérieur des volumes définis à l'article GH 67 sont coupe-feu de degré trois heures ou REI 180.
Aucune communication directe ou indirecte n'est autorisée entre eux.

Article GH 70
Indépendance des installations techniques
et des moyens de secours

§ 1. Les établissements recevant du public situés à l'intérieur des volumes définis à l'article GH 67 possèdent des installations techniques et des moyens de secours totalement indépendants de ceux de l'immeuble de grande hauteur. Ils sont entièrement protégés par un système d'extinction automatique de type sprinkleur ou une installation fixe d'extinction automatique appropriée aux risques existants ayant fait l'objet d'un avis favorable de la commission de sécurité.

§ 2. Chaque établissement est doté d'un système d'alarme au sens de l'article MS 62 du règlement de sécurité des établissements recevant du public. Un report d'informations peut être installé dans le poste central de sécurité incendie de l'immeuble de grande hauteur.

Chapitre III

Mesures visant les locaux et les établissements recevant du public ou autres, non indépendants, situés dans un immeuble de grande hauteur

Article GH 71
Généralités

§ 1. Sont visés dans ce chapitre les locaux abritant des activités associées au fonctionnement normal de l'immeuble de grande hauteur destinées ou réservées en priorité aux occupants ainsi que les établissements recevant du public.

§ 2. L'effectif des occupants est déterminé conformément aux dispositions du règlement de sécurité des établissements recevant du public. Lorsque le maître d'ouvrage ou le propriétaire peut recourir à une déclaration d'effectif, celle-ci précise la capacité maximale d'accueil par compartiment.

§ 3. Les dispositions du règlement de sécurité contre les risques d'incendie et de panique dans les établissements recevant du public non contraires au présent règlement sont applicables aux locaux et établissements définis au § 1 ci-dessus lorsque les activités exercées dans ces locaux et établissements n'entraînent pas une densité d'effectif par compartiment supérieure à celle précisée dans l'article R. 122-8 du code de la construction et de l'habitation.

Lorsque les activités exercées dans ces locaux et établissements entraînent une densité d'effectif par compartiment supérieure à celle précisée dans l'article R. 122-8 du code de la construction et de l'habitation, les dispositions suivantes du présent chapitre s'appliquent en complément de celles définies à l'alinéa ci-dessus.

Article GH 72
Implantation

Lorsque les locaux et les établissements définis au § 1 de l'article GH 71 entraînent une densité d'effectif par compartiment supérieure à celle précisée dans l'article R. 122-8 du code de la construction et de l'habitation, leur implantation est réalisée :

— soit sur trois niveaux successifs dont l'un est obligatoirement un niveau d'accès piétons ;
— soit à un autre niveau que ceux définis ci-dessus.

Article GH 73
Locaux ou établissements installés à un des trois niveaux successifs dont l'un est obligatoirement un niveau d'accès piétons

Des locaux ou établissements définis à l'article GH 72 peuvent être aménagés sur trois niveaux successifs dont l'un est obligatoirement un niveau d'accès piétons dans les conditions suivantes :
— l'accès à ces locaux ou établissements est réalisable depuis deux points différents de la circulation horizontale commune, ces dégagements sont pris en compte dans le nombre de dégagements exigibles ;
— leurs dégagements sont conçus selon les dispositions des articles CO 34 à CO 56 du règlement de sécurité des établissements recevant du public. Les unités de passages et les sorties nécessaires en complément de celles mentionnées au tiret précédent sont indépendantes et déboucher directement sur l'extérieur ;
— leur charge calorifique surfacique est conforme aux valeurs prescrites dans l'article GH 61, § 1 ;
— un système d'extinction automatique du type sprinkleur installés conformément aux dispositions de l'article MS 25 du règlement de sécurité des établissements recevant du public ou une installation fixe d'extinction automatique appropriée aux risques existants, ayant fait l'objet d'un avis favorable de la commission de sécurité, est mis en place dans la totalité des locaux visés par cet article ;
— une installation de robinets d'incendie armés est réalisée conformément aux dispositions des articles MS 14 et MS 15 du règlement de sécurité des établissements recevant du public.

Article GH 74
Locaux ou établissements installés
aux autres niveaux

§ 1. Les locaux ou établissements définis à l'article GH 72 peuvent être aménagés aux niveaux plus élevés que ceux visés par l'article GH 73 dans les conditions minimales suivantes :

a)   Lorsque l'effectif du compartiment où se trouvent ces locaux ou établissements est inférieur ou égal à 250 personnes :
— leur surface hors œuvre nette ne peut dépasser 500 m² ;
— la charge calorifique ne doit pas dépasser 480 MJ/m² en moyenne dans les compartiments concernés ;
— si des risques particuliers d'incendie existent, une installation d'extinction automatique de type sprinkleur ou une installation fixe d'extinction automatique appropriée aux risques existants ayant fait l'objet d'un avis favorable de la commission de sécurité peut être prescrite.

b)   Lorsque l'effectif du compartiment où se trouvent ces locaux ou établissements est supérieur à 250 personnes :
— en aggravation des dispositions prévues au § a ci dessus, le nombre des occupants ne doit pas excéder, même exceptionnellement, 500 personnes. Un système de comptage-décomptage peut être mis en place pour s'assurer de la limitation des effectifs après avis de la commission de sécurité ;
— les niveaux où sont installés ces locaux ou établissements sont espacés les uns des autres par au moins dix niveaux ;
— un escalier supplémentaire de deux unités de passage au moins et répondant aux dispositions du présent règlement, dessert chacun des niveaux où sont aménagés ces locaux ou établissements.

Cet escalier peut cependant ne desservir que les deux niveaux situés immédiatement au-dessous du niveau visé.

§ 2. Si ces locaux ou établissements sont aménagés aux deux niveaux les plus élevés de l'immeuble, ils peuvent atteindre une surface hors œuvre nette de 1 000 m² par compartiment. Le nombre maximum d'occupants reste fixé à 500 personnes.

Dans ces mêmes locaux ou établissements, l'escalier supplémentaire prévu au § 1 n'est pas exigé, s'il existe, au niveau intéressé, une terrasse non couverte de surface hors œuvre nette au moins égale à celle de l'établissement ou du local considéré, permettant d'évacuer les occupants par les deux escaliers normaux de l'immeuble.

TITRE III
DISPOSITIONS PARTICULIÈRES
AUX DIVERSES CLASSES D'IMMEUBLES

Chapitre Ier

GH A : dispositions applicables
aux immeubles à usage d'habitation

Article GH A 1er
Encloisonnement

§ 1. Chaque appartement est séparé des locaux voisins et des circulations horizontales communes par des éléments coupe-feu de degré une heure ou REI 60.

§ 2. Toutefois, en aggravation de l'article GH 23 § 3, les blocs-portes des appartements donnant sur les circulations horizontales communes sont pare-flammes de degré une heure et équipés d'un ferme-porte ou E 60 - C.

Article GH A 2
Distance maximale d'évacuation

En complément des dispositions de l'article GH 24 § 1 et § 2, la distance séparant une porte d'appartement de l'entrée du dispositif d'accès à l'escalier le plus proche, mesurée dans l'axe des circulations, est au maximum de vingt mètres.

Article GH A 3
Caves et celliers

Lorsque des caves ou des celliers sont groupés à un niveau quelconque de l'immeuble, les dispositions de l'article GH 61 ne s'appliquent pas à l'ensemble constitué par ces locaux mais il est recoupé en unités de surface inférieure à 500 m² qui répondent aux conditions suivantes :

a) Les parois extérieures sont coupe-feu de degré deux heures ou REI 120 et le cloisonnement intérieur, à l'exception des blocs-portes, être en matériaux de catégorie M0 ou A1 ;

b) A l'intérieur de chaque unité, la distance à parcourir entre toute porte de cave ou cellier et l'issue de l'unité ne doit pas excéder 20 mètres ;

c) Les issues donnent sur une circulation horizontale commune et sont fermées par des blocs-portes coupe-feu de degré une heure munis d'un ferme-porte ou EI 60 - C et ouvrant sans clé dans le sens de la sortie en venant des caves. Les portes se trouvent à moins de 20 mètres du dispositif d'accès à l'escalier le plus proche ;

d) Les dispositions de l'article GH 28 ne sont pas applicables aux circulations horizontales communes intérieures des unités. Toutefois, chaque unité est équipée d'une détection automatique d'incendie conforme aux dispositions de l'article GH 49.

Article GH A 4
Installations électriques
et de ventilation mécanique contrôlée

§ 1. Par dérogation à l'article GH 43 la source de sécurité peut :
— être constituée d'un seul groupe électrogène ;
— alimenter, en plus des installations de sécurité, les installations de chauffage et les pompes de circulation des distributions d'eau sanitaire et leurs surpresseurs.

§ 2. A l'intérieur des logements, les dispositions de l'article GH 46. ne sont pas applicables.

§ 3. Par dérogation aux dispositions de l'article GH 48, hormis dans les locaux collectifs de plus de 50 m², aucun éclairage de sécurité n'est exigé à l'intérieur des locaux et appartements.

§ 4. Pour ce qui concerne les installations de ventilation mécanique contrôlée, en complément des dispositions de l'article GH 38 § 2, l'exigence de non-propagation du feu et des fumées est également réputée satisfaite par le fonctionnement permanent du ventilateur, conformément aux dispositions de l'article CH 43 du règlement de sécurité des établissements recevant du public, et la mise en place du conduit collectif vertical dans une gaine coupe-feu de degré deux heures ou EI 120.
Le ventilateur est alimenté comme une installation de sécurité. En aggravation, son fonctionnement doit pouvoir être assuré pendant une durée de deux heures avec une température de 200 °C. L'alarme de panne du ventilateur est renvoyée au poste central de sécurité incendie.

Article GH A 5
Moyens d'alarme et de secours

§ 1. Les diffuseurs sonores sont installés dans les circulations horizontales communes, dans les locaux communs ainsi que dans les unités de caves et celliers définies à l'article GH A 3. Ils doivent pouvoir être vérifiés dans les conditions définies à l'article GH 5 § 3.

§ 2. Par dérogation à l'article GH 51 § 2, l'installation de robinets d'incendie armés n'est pas obligatoire.

Article GH A 6
Service de sécurité incendie
et d'assistance à personnes

§ 1. En application de l'article GH 62, l'effectif du service de sécurité incendie et d'assistance à personnes permet de faire assurer la permanence au poste central de sécurité incendie par un agent de sécurité au moins qualifié S.S.I.A.P.2.
En dérogation aux dispositions de l'article GH 56, la surface du poste central de sécurité incendie d'un I.GH A peut être réduite à 30 m², hors base de vie, sauf dans le cas à l'article GH 62 § 4.

§ 2. Des rondes sont effectuées tous les jours et aussi dans les cas particuliers ci-après :
— lors des aménagements ou déménagements ;
— après le travail des ouvriers lorsque des travaux ont été réalisés dans les parties communes.
Pendant les rondes et la surveillance des travaux visés à l'article GH 65, la permanence est assurée au poste de sécurité par une personne connaissant parfaitement les consignes et leur application. Cette personne n'est pas nécessairement qualifiée SSIAP.

§ 3. La surveillance des travaux prévue par les dispositions de l'article GH 62 § 3 ne s'applique pas aux appartements.

Chapitre II

GH O : dispositions particulières
aux immeubles à usage d'hôtel

Section I
Construction

Article GH O 1er
Encloisonnement

Chaque chambre d'hôtel et chaque local de service est séparé des locaux voisins et des circulations horizontales communes par des éléments coupe-feu de degré une heure ou REI 60. Les blocs-portes des chambres sont pare-flammes de degré une heure et munies de ferme-portes ou E 60 - C.

Article GH O 2
Distance maximale d'évacuation

En complément des dispositions de l'article GH 24 § 1 et § 2, la distance séparant une porte d'appartement ou de chambre de l'entrée du dispositif d'accès à l'escalier le plus proche ou au compartiment voisin, mesurée dans l'axe des circulations horizontales communes, est au maximum de vingt mètres.
Lorsque les chambres d'un appartement peuvent être louées séparément, la distance est mesurée depuis la porte de ces chambres et la circulation de l'appartement est traitée comme une circulation horizontale commune.

Article GH O 3
Eclairage et prises de courant

§ 1. Un circuit électrique terminal d'éclairage ne doit pas alimenter plusieurs chambres (ou appartements).
§ 2. Les appareils assurant l'éclairage des dégagements et des halls sont fixes ou suspendus.
§ 3. Les lampes mobiles sont autorisées dans les chambres et dans les halls, sur les bureaux de direction

et sur les tables de lecture ou de correspondance.

§ 4. Dans les chambres et les appartements les prises de courant sont limitées à 16 ampères.

Article GH O 4
Accès des pompiers

Pour accéder aux ascenseurs prioritaires, les pompiers doivent pouvoir utiliser une entrée signalée et distincte des accès réservés au public.

Article GH O 5
Détection incendie. — Dispositif de diffusion d'alarme

En complément des dispositions prévues à l'article GH 49, des détecteurs automatiques d'incendie sont également implantés dans les chambres.

Les diffuseurs d'alarme sont installés au moins dans chaque chambre, dans les locaux recevant plus de dix-neuf personnes et dans les circulations horizontales communes.

La sensibilisation d'un détecteur automatique d'incendie dans une chambre entraîne le seul déclenchement de l'alarme restreinte au poste central de sécurité incendie.

Section II
Dispositions concernant les obligations des propriétaires et des occupants

Article GH O 6
Appareils de cuisson et de remise en température

Les appareils de cuisson et de remise en température installés dans les chambres sont exclusivement électriques et d'une puissance inférieure à 3,5 kW.

Article GH O 7
Service de sécurité incendie et d'assistance à personnes

§ 1. En application des dispositions de l'article GH 62, le service de sécurité incendie et d'assistance à personnes des immeubles de la classe GH O comprend, sous la direction du chef du service de sécurité incendie une équipe de trois personnes au moins dont un chef d'équipe.

Le service de sécurité incendie et d'assistance à personnes, en fonction de la capacité d'accueil de l'immeuble, est composé au minimum comme suit :

a) IGH O de moins de 250 chambres :
— un chef d'équipe de sécurité qualifié SSIAP 2 exclusivement affecté aux tâches de sécurité ;
— deux agents de sécurité au moins, qualifiés SSIAP 1, recrutés soit parmi les services de maintenance technique, soit parmi le personnel administratif ou de réception.

b) IGH O de 250 à 550 chambres :
— un chef d'équipe de sécurité qualifié SSIAP 2 exclusivement affecté aux tâches de sécurité ;
— deux agents de sécurité au moins, qualifiés SSIAP 1, pouvant être recrutés parmi le personnel de maintenance technique uniquement.

c) IGH O de 551 à 850 chambres :
— un chef d'équipe de sécurité qualifié SSIAP 2 et un agent de sécurité qualifié SSIAP 1 exclusivement affectés aux tâches de sécurité ;
— un agent de sécurité au moins, qualifié SSIAP 1, pouvant être recruté parmi le personnel de maintenance technique uniquement.

d) IGH O de plus de 850 chambres :
— un chef d'équipe de sécurité qualifié SSIAP 2 et deux agents de sécurité qualifiés SSIAP 1, exclusivement affectés aux tâches de sécurité.

§ 2. Les rondes assurées par le service de sécurité incendie et d'assistance à personnes ont lieu au moins trois fois par nuit.

§ 3. Le personnel d'étages et le personnel de permanence de nuit a reçu une formation complémentaire sur :
— la conduite à tenir en cas d'évacuation en prenant en compte notamment la situation de personnes handicapées, quel que soit leur handicap ;
— la mise en œuvre des moyens de premiers secours.

Article GH O 8
Plans et consignes

§ 1. Dans les locaux occupés par le public et, en particulier, dans les chambres, un plan sommaire indique la ou les directions à prendre en cas d'évacuation du compartiment.
Ce plan est accompagné de consignes simples sur la conduite à tenir en cas d'incendie ou de diffusion du signal d'alarme.

§ 2. Les consignes prévues ci-dessus sont affichées dans chaque chambre. Elles sont rédigées en français et complétées par une bande dessinée illustrant les consignes. Leur rédaction en langue française peut être complétée par la traduction dans les langues parlées par les usagers habituels. Elles indiquent :

Conduite à tenir en cas d'incendie

En cas d'incendie dans votre chambre, Si vous ne pouvez maîtriser l'incendie :

— gagnez l'escalier en refermant bien la porte de votre chambre et en suivant le balisage ;
— prévenez la réception.
En cas de diffusion du signal d'alarme, Si le couloir est praticable :

— gagnez l'escalier en refermant bien la porte de votre chambre et en suivant le balisage.
Si la fumée rend le couloir ou l'escalier impraticable :
— restez dans votre chambre ;
— manifestez votre présence en attendant l'arrivée des pompiers.

Nota. — Une porte mouillée et fermée, rendue étanche par des moyens de fortune (linges humides), protège longtemps.

Chapitre III

GH R : dispositions particulières
aux immeubles à usage d'enseignement

Section I
Généralités

Article GH R 1er
Densité d'occupation

Dans les immeubles de grande hauteur à usage exclusif d'enseignement, l'occupation moyenne d'un compartiment peut, en application de l'article R. 122-8 du code de la construction et de l'habitation, être de plus d'une personne par dix mètres carrés hors œuvre nette, sans dépasser une personne pour cinq mètres carrés.

Article GH R 2
Types de locaux

Les immeubles de grande hauteur à usage d'enseignement sont réservés aux disciplines ne nécessitant pas l'existence de laboratoires qui présentent des dangers particuliers d'incendie ou d'explosion ou dont l'activité exige l'emploi des produits prohibés par l'article R. 122-7 du code de la construction et de l'habitation et l'article GH 36 du présent règlement.
Les locaux d'internat sont interdits dans les immeubles de grande hauteur de classe R.

Section II
Construction et aménagements

Article GH R 3
Gaines

En aggravation de l'article GH 17 § 3, les gaines ne peuvent se trouver ni s'ouvrir directement dans les circulations horizontales communes sauf lorsque les circulations horizontales communes desservent des locaux réservés à la formation de personnes adultes.

Article GH R 4
Plafonds suspendus

En aggravation, les dispositions de l'article GH 21 § 3 sont applicables aux plafonds suspendus des locaux.

Article GH R 5
Encloisonnement

Outre l'encloisonnement des circulations horizontales communes prévu par l'article GH 23 § 3, le volume de chaque compartiment est recoupé en cellules d'une superficie maximale de 500 m² par des éléments coupe-feu de degré une heure ou REI 60 et des blocs-portes pare-flammes de degré une demi-heure équipés de ferme-porte ou E 30 - C.

Article GH R 6
Réduction des risques

Les locaux annexes qui présentent des dangers particuliers d'incendie (archives) sont éloignés le plus possible des dispositifs d'accès aux escaliers.

Article GH R 7
Distance maximale d'évacuation

En complément des dispositions de l'article GH 24 § 1 et § 2, la distance mesurée dans l'axe des circulations de tout poste de travail ou de repos à l'entrée du dispositif d'intercommunication avec l'escalier le plus proche est au maximum de 35 mètres.

Article GH R 8
Aménagement des escaliers

§ 1. En complément des escaliers prévus par l'article GH 24, un troisième escalier établi dans les mêmes conditions dessert, à partir du niveau d'accès des piétons, tous les compartiments dont l'effectif des occupants peut dépasser une personne par dix mètres carrés de surface hors œuvre nette.
§ 2. Les dispositions de l'article GH 25 § 3 ne sont pas applicables aux portes des dispositifs d'intercommunication avec les escaliers qui ont toujours une largeur d'au moins deux unités de passage.

Section III
Moyens de secours

Article GH R 9
Service de sécurité incendie
et d'assistance à personnes

§ 1. En application des dispositions de l'article GH 62, le service de sécurité incendie et d'assistance à personnes des immeubles de la classe GH R comprend, sous la direction du chef du service de sécurité incendie de l'immeuble un service central, assuré en permanence par au moins un chef d'équipe de sécurité qualifié SSIAP 2 et deux agents de sécurité qualifiés SSIAP 1 ;

§ 2. Les rondes assurées par le service de sécurité incendie et d'assistance à personnes ont lieu :
— au moins deux fois pendant les heures de présence des étudiants ;
— puis, une ronde immédiatement après le départ des étudiants, la suivante deux heures plus tard et une autre au moins dans le courant de la nuit.

Des exercices d'évacuations périodiques sont organisés dans les conditions prévues à l'article GH 60 ; les occupants sont tenus d'y participer.

§ 3. En période de non-occupation de l'immeuble et sous la responsabilité du mandataire, le service de sécurité incendie et d'assistance à personnes de l'immeuble peut être composé de deux agents seulement, dont un chef d'équipe.

Chapitre IV

GH S : dispositions particulières
aux immeubles à usage de dépôt d'archives

Article GH S unique
Champ d'application

§ 1. Conformément aux dispositions de l'article R. 122-3 du code de la construction et de l'habitation, la plupart des immeubles de ce type ne sont pas soumis au règlement de sécurité concernant les I.GH Le cas échéant, des mesures concernant la protection et le désenfumage des escaliers ainsi que la détection sont prises.

§ 2. Des dispositions complémentaires peuvent être demandées par la commission de sécurité.

Chapitre V

GH U : dispositions particulières aux immeubles à usage sanitaire

Section I
Généralités

Article GH U 1er
Champ d'application

Les dispositions du présent chapitre sont applicables aux immeubles de grande hauteur dont l'activité est définie à l'article U 1 du règlement de sécurité des établissements recevant du public.

Article GH U 2
Activité psychiatrique

Un IGH U ne peut être destiné à l'usage exclusif d'hospitalisation psychiatrique. Néanmoins, une unité psychiatrique peut être autorisée dans un IGH U

Section II
Construction

Article GH U 3
Communications entre bâtiments

Seuls les différents bâtiments de l'ensemble hospitalier peuvent être reliés entre eux dans les conditions définies à l'article GH 10.
Toutefois, la surface maximale d'un dispositif d'intercommunication telle que définie à l'article GH 25 § 4 peut être dépassée lorsque les conditions de son désenfumage sont prévues en conséquence.

Article GH U 4
Nature des locaux admis
dans l'immeuble de grande hauteur

Ne peuvent être compris dans un IGH U que les locaux indispensables au fonctionnement de l'établissement, c'est-à-dire les locaux se rapportant aux services d'hospitalisation, aux services médicaux, administratifs et généraux, à l'exclusion des locaux dangereux visés à l'article GH U 5.
Les services d'hospitalisation peuvent comprendre une ou plusieurs unités de soins y compris celles impliquant une surveillance humaine particulière et permanente des malades, telles que réanimation, soins intensifs, pédiatrie, etc.
Les unités de soins peuvent comprendre les chambres de malades, les bureaux médicaux, les salles de soins et éventuellement les locaux d'enseignement ou les logements intégrés au service, les offices alimentaires et les locaux techniques.

Article GH U 5
Locaux dangereux exclus
de l'immeuble de grande hauteur

En complément des dispositions applicables à tous types d'immeuble de grande hauteur, sont implantés à l'extérieur de l'immeuble :
— tout local où le volume de liquides inflammables, est supérieur ou égal à 10 litres ;
— tout local de stockage de gaz combustibles et d'hydrocarbures liquéfiés ;
— les ateliers centraux d'entretien, lingeries centrales et magasins généraux dont la charge calorifique dépasse les limites fixées par l'article GH 61 § 1.
Les parois de ces locaux et leur dispositifs d'intercommunication avec l'immeuble sont réalisés dans les mêmes conditions que celles définies à l'article GH 10 § 2.

Article GH U 6
Sous-compartiments

§ 1. Chaque compartiment défini à l'article R. 122-10 du code de la construction et de l'habitation, comportant des chambres de malades, est divisé en au moins deux sous-compartiments d'une capacité sensiblement équivalente, par des parois coupe-feu de degré deux heures ou REI 120. Les intercommunications entre sous-compartiments, lorsqu'elles ne se situent pas à la jonction entre deux compartiments, sont réalisées par des blocs-portes, pare-flammes de degré une heure ou E 60 - C avec des portes en va-et-vient à fermeture automatique. Chaque sous-compartiment a une capacité maximale de 20 lits et être en mesure de recevoir les lits des malades du sous-compartiment contigu le plus important.
Sous réserve de l'application des dispositions ci-dessus et par dérogation, la distance de 30 mètres définie à l'article GH 24 § 2 premier alinéa pourra être portée à 40 mètres.
§ 2. L'implantation des escaliers dans un compartiment est réalisée de telle façon que les occupants puissent, à chaque niveau, accéder à un escalier sans transiter par un sous-compartiment sinistré.
§ 3. Lorsque le compartiment est susceptible de recevoir plus d'une unité de soins, le recoupement en sous-compartiments correspond, autant que possible, à la séparation des unités de soins.

Section III
Eléments généraux de construction
et aménagements intérieurs

Article GH U 7
Isolement

§ 1. En aggravation des dispositions générales ci-dessus, les baies entre les chambres de malades et les locaux de service sont obturées par des dispositifs pare-flammes de degré une heure ou E 60.

§ 2. Ces chambres sont isolées des chambres voisines ainsi que des circulations horizontales par des parois coupe-feu de degré une heure ou REI 60, munies de blocs-portes, pare-flammes de degré une demi-heure ou E 30 et équipés :

— soit de ferme-porte et éventuellement à fermeture automatique (ou E 30 - C) ;

— soit de ferme-porte avec arrêt, réglé pour un angle d'ouverture d'au moins 90°.

Si des baies de surveillance sont nécessaires, elles seront fermées par des éléments pare-flammes de degré une demi-heure ou E 30.

Une porte coulissante non motorisée qui n'est pas soumise à exigence de résistance au feu peut être installée dans les locaux de moins de 10 m².

Article GH U 8
Cas particulier d'isolement

§ 1. Les dispositions de l'article GH U 7 ne sont pas applicables aux unités de soins impliquant une surveillance visuelle constante des malades, sous réserve qu'elles soient isolées des autres unités de soins et des circulations horizontales communes par des parois coupe-feu de degré deux heures ou REI 120, munies de blocs-portes, pare-flammes de degré une heure équipés de ferme-porte ou à fermeture automatique ou E 60 - C, asservie à la détection incendie de la circulation. Ces portes peuvent disposer d'un système d'ouverture automatique devant être inhibé en cas de détection automatique d'incendie.

§ 2. Les blocs opératoires sont d'une surface inférieure ou égale à 1 000 m² et délimités par des parois coupe-feu de degré deux heures ou REI 120, munies de blocs-portes pare-flammes de degré une heure à fermeture automatique ou E 60 - C, asservis à la détection incendie de la circulation. Ces portes peuvent disposer d'un système d'ouverture automatique devant être inhibé en cas de détection automatique d'incendie.

Article GH U 9
Aménagements intérieurs

En complément des dispositions de l'article GH 22 § 3, les éventuels éléments de protection mécanique des cloisons sont réalisés en matériaux classés en catégorie M2 ou classés C-s2 d1. De plus, ils ne doivent pas représenter plus de 20 % de la surface des parois. Lorsque sont mis en place des éléments de protection des portes, ils sont de catégorie M1 ou classés B-s2 d0.

Les mains-courantes sont en matériaux de catégorie M2 ou en bois de catégorie M3.
Les matelas, à l'exception des dispositifs médicaux, satisfont aux essais encadrés par la norme NF EN 597-1 de mai 1995. Les draps, les alèses et les couvertures non matelassées, à l'exception des dispositifs médicaux, satisfont aux essais encadrés par la norme NF EN ISO 12 952-1 et 2 avril 1999.

Article GH U 10
Locaux à risques particuliers

§ 1. En dérogation aux articles GH 61 et GH 64, premier alinéa, les locaux cités dans le tableau ci-dessous sont autorisés dans les IGH U et assujettis aux dispositions de l'article CO 28 du règlement de sécurité des établissements recevant du public, à l'exception de celles relatives aux façades.
§ 2. Sont considérés comme locaux à risques importants les locaux d'archives d'un volume compris entre 50 m³ et 100 m³ et les réserves d'un volume supérieur à 100 m³.
§ 3. Sont considérés comme locaux à risques moyens :

DÉSIGNATION DU LOCAL ou du risque	RISQUES MOYENS D'INCENDIE
Locaux fonctionnels	
Cuisines	Si la puissance des appareils de cuisson ou de remise en température est ¹ 20 kW ou en cas d'utilisation de friteuse ouverte, quelle que soit la puissance
Ateliers techniques	Si point chaud ou 5 m³ , V , 100 m³ ou Q , 10 l par local
Local fermé d'accès ambulance	X
Local d'imagerie comprenant des transformateurs	X
Stérilisation	X

Stockage des gaz médicaux	50 l , CE , 200 l
Locaux où sont utilisés ou stockés des liquides inflammables	
Tout local	3 l , Q , 10 l par local
Locaux où sont stockées des matières inflammables	
Archives	V , 50 m³
Lingerie Locaux de déchets Autres réserves Pharmacie	5 m³ , V , 100 m³

Légendes :
Q : quantité de liquides inflammables, exprimée en litres, quelle que soit leur catégorie.
V : volume des locaux, exprimé en mètres cubes.
CE : capacité en eau, exprimée en litres.

§ 4. En complément des dispositions de l'article CO 28 du règlement de sécurité des établissements recevant du public :

— les portes des locaux à risques particuliers peuvent être à fermeture automatique ;
— les locaux à risques particuliers contenant des liquides inflammables respectent les mesures suivantes :
— ils sont munis d'une ventilation haute et basse permanente judicieusement répartie ; les sections totales des ventilations hautes et basses doivent respectivement être au moins égales au 1/100e de la surface de ces locaux, avec un minimum de 10 dm² par bouche ;
— ils ne peuvent être installés qu'exceptionnellement en sous-sol et après avis de la commission de sécurité.
§ 5. Interdictions :
Les produits inflammables ayant un point éclair inférieur à 55 °C sont interdits dans les circulations.

Article GH U 11
Gaines et plafonds

§ 1. En aggravation des dispositions de l'article GH 17, les gaines verticales mettant en communication l'atmosphère de deux compartiments ne peuvent se trouver, ni s'ouvrir directement dans les circulations horizontales communes, à l'exception des gaines d'ascenseurs (dont les monte-malades) conformes à l'article GH 30.

§ 2. En aggravation des dispositions de l'article GH 21 § 1, les éléments constitutifs des plafonds suspendus et les matériaux de revêtement des plafonds de toutes les circulations sont exclusivement de catégorie M 0 ou A2 - s2, d0.

Article GH U 12
Dispositions diverses

§ 1. Les dispositions des articles U 28 et U 29 du règlement de sécurité des établissements recevant du public sont applicables.

§ 2. Les espaces faisant l'objet des cas particuliers d'isolement cités à l'article GH U 8 peuvent ne pas être désenfumés quelle que soit leur superficie.
Dans le cas de compartiments divisés en sous-compartiments, les calculs de désenfumage sont réalisés sur la base du sous-compartiment.

§ 3. En dérogation aux dispositions générales du présent règlement, le fonctionnement des installations de ventilation des locaux spécifiques tels que les blocs opératoires, les locaux de réanimation et de soins intensifs est indépendant du fonctionnement des installations de ventilation du reste de l'immeuble de grande hauteur. Il ne doit pas être interrompu par un arrêt de fonctionnement dans tout autre local ainsi que par la commande d'arrêt d'urgence prévue à l'article CH 34 § 2 du règlement de sécurité des établissements recevant du public. Cette disposition peut s'appliquer à d'autres locaux spécifiques après avis de la commission de sécurité.

§ 4. Les dispositions de la section XVI, du chapitre IX du livre II du règlement de sécurité des établissements recevant du public (type U), relatives aux conditions d'installations des gaz médicaux sont applicables.

Toutes dispositions sont prises de façon à éviter qu'un incendie survenant dans un compartiment n'interrompe la desserte en gaz médicaux des autres compartiments. Chaque compartiment et chaque espace faisant l'objet des cas particuliers d'isolement cités à l'article GH U 8 dispose d'une vanne de sectionnement de l'alimentation des gaz médicaux qui y sont desservis.
Les installations de gaz médicaux sont vérifiées annuellement par un organisme agréé.

Section IV
Dégagements

Article GH U 13
Circulations horizontales communes et portes

§ 1. En aggravation des dispositions de l'article GH 23 § 1, les circulations horizontales communes des compartiments renfermant des chambres de malades ont une largeur de 3 UP au moins. Cette prescription ne vise pas les dispositifs d'intercommunication entre sous-compartiments, qui demeurent soumis aux dispositions de l'article GH U 6 § 1.
§ 2. Les dispositions de l'article GH 25 § 3 ne sont pas applicables. Les portes des dispositifs d'intercommunication comportent au moins deux unités de passage.

Section V
Installations techniques

Article GH U 14
Installations électriques

§ 1. L'alimentation par la source de sécurité des ascenseurs peut être limitée à quatre appareils dont au moins deux permettent le transport des malades alités. Ces appareils sont également répartis sur deux batteries différentes.
Il est prévu en outre un dispositif manuel permettant de commuter l'alimentation sur d'autres ascenseurs. Ce dispositif est placé à proximité du local de la machinerie d'ascenseurs.

§ 2. Les équipements indispensables à la sécurité hospitalière sont traités comme des installations de sécurité définies à l'article GH 3.

§ 3. Les installations électriques sont, en outre, conformes aux dispositions de la norme NF C 15-211 relative aux installations électriques à basse tension dans les locaux à usage médical. Les canalisations ne doivent pas traverser les blocs opératoires.

§ 4. Toutes les dispositions sont prises de façon à éviter qu'un incendie survenant dans un compartiment n'interrompe le fonctionnement des installations électriques situées dans les autres compartiments.

§ 5. La présence physique d'une personne qualifiée pour l'exploitation et l'entretien des installations électriques de l'immeuble est requise en permanence.

Section VI
Moyens de secours

Article GH U 15
Système de sécurité incendie

§ 1. En aggravation de l'article GH 49 § 4, les détecteurs automatiques d'incendie sont installés dans tous les locaux à l'exception des escaliers et des sanitaires.

§ 2. La sensibilisation d'un détecteur d'incendie dans une circulation horizontale commune entraîne la mise en œuvre des dispositions prévues à l'article GH 49 § 6.
En aggravation aux dispositions de l'article GH 49 § 6.1, La sensibilisation d'un détecteur d'incendie dans une circulation horizontale commune entraîne l'alarme générale sélective dans la zone d'alarme définie au § 3 du présent article.
Les dispositions de l'article GH 49 (§ 6.2) ne s'appliquent pas.
Le cas échéant, en aggravation aux dispositions de l'article GH 49 § 6.3 la sensibilisation d'un détecteur d'incendie dans les locaux qui y sont définis met également en œuvre l'alarme générale sélective, le déverrouillage des portes des sorties de secours situées au niveau d'évacuation des occupants sur l'extérieur et des portes verrouillées du compartiment concerné, le déverrouillage des portes destinées à l'accès des services publics de secours et de lutte contre l'incendie, le désenfumage éventuel du local et, lorsqu'ils existent, les dispositifs actionnés de sécurité du local.

§ 3. En complément de l'article GH 49 § 5 et § 6, une zone d'alarme est étendue à un étage, et aux étages correspondants au compartiment sinistré, une zone de compartimentage correspond à un compartiment et une zone de désenfumage correspond à un sous-compartiment.

§ 4. L'unité de gestion d'alarme de type I.GH permet la diffusion de l'alarme générale sélective.
Dans chaque sous-compartiment est installé, au minimum, un tableau répétiteur d'alarme sur lequel seront reportées synthétiquement les informations d'alarme feu provenant du système de détection incendie, de manière que le personnel affecté à la surveillance soit informé de la zone de détection concernée par l'incendie. L'emploi de récepteurs autonomes d'alarme est admis en complément de l'alarme générale sélective et des tableaux répétiteurs d'alarme.

§ 5. Une unité d'aide à l'exploitation est installée avec des tableaux normalisés de report de signalisation des systèmes de détection incendie et des centralisateurs de mise en sécurité incendie dans les IGH U Elle est alimentée par une alimentation électrique de sécurité telle que définie à l'article GH 3.

§ 6. En cas de surveillance centralisée d'un site tel que prévu à l'article GH U 19 § 3, seuls les systèmes de sécurité incendie des établissements placés sous la même direction que l'immeuble de grande hauteur peuvent être surveillés depuis le poste central de sécurité incendie de l'IGH U

Article GH U 16
Alerte

En application de l'article GH 50 § 2, le poste central de sécurité incendie de l'établissement est relié au centre de traitement de l'alerte conformément aux dispositions de l'article MS 71 du règlement de sécurité des établissements recevant du public.

Article GH U 17
Extincteurs

Des extincteurs portatifs à eau pulvérisée de 6 litres minimum sont disposés de façon à répondre aux conditions suivantes :

— ils sont judicieusement répartis ;
— il existe un minimum d'un appareil pour 200 m², de telle sorte que la distance maximale à parcourir pour atteindre un appareil ne dépasse pas 15 mètres ;
— un extincteur est placé à proximité des dispositifs de franchissement entre deux sous-compartiments. Des extincteurs appropriés aux risques particuliers complètent ce dispositif.

Section VII
Dispositions concernant les obligations
des propriétaires, exploitants et occupants

Article GH U 18
Organisation de la sécurité en cas d'incendie

§ 1. Les modalités d'évacuation de première phase définies à l'article GH 63 sont reconnues réalisées par le transfert horizontal des lits d'un sous-compartiment à un autre. Les obligations relatives à la formation pour l'application des consignes par le personnel de l'immeuble ainsi que l'action du service de sécurité incendie et d'assistance à personnes lors du déclenchement de l'alarme et de la confirmation d'un sinistre sont précisées dans la note prévue à l'article GH 60 § 3 ce document est préparé par le chef de service de sécurité incendie ou soumis à son avis. Il est tenu à jour.

§ 2. En aggravation des dispositions de l'article GH 60, tout le personnel de l'établissement est informé sur les dangers d'un incendie dans un IGH U et est formé :
— à l'exécution de consignes précises en vue de limiter l'action d'un feu et d'assurer le transfert horizontal ou l'évacuation ;
— à la mise en œuvre des moyens d'extinction.

§ 3. Des exercices d'évacuation simulée sont organisés périodiquement afin de maintenir le niveau d'entraînement des personnels. Une fois par an, les pompiers sont invités à s'associer à un tel exercice. Ces exercices font l'objet d'une inscription sur le registre de sécurité de l'IGH U

Article GH U 19
Service de sécurité incendie
et d'assistance à personnes

§ 1. En application de l'article GH 62, le service de sécurité incendie et d'assistance aux personnes comprend, sous la responsabilité du chef du service de sécurité incendie de l'immeuble, un service central de sécurité incendie dont la composition permet d'assurer une permanence de cinq agents de sécurité incendie au moins dont un chef d'équipe.

§ 2. Outre celles énumérées à l'article GH 62, le service central de sécurité incendie a notamment pour mission :
— de connaître les risques particuliers que présentent certains services de l'établissement ;
— d'assurer les rondes au moins dans tous les locaux qui ne sont pas surveillés en permanence. La fréquence de ces rondes est fonction des risques, avec un minimum de quatre rondes par vingt-quatre heures ;
— d'agir en première intervention sur tout dysfonctionnement technique dans l'IGH U (disjonction, fuite d'eau, ...) qui pourrait compromettre la poursuite de l'exploitation de tout ou partie du bâtiment, en s'appuyant sur tout dispositif d'information et de communication ;
— d'assurer d'autres missions de sécurité spécifiques, après avis de la commission de sécurité (protection incendie d'une hélistation, participation sur demande de la direction à l'organisation d'un plan blanc, d'un protocole d'accueil d'un blessé radio contaminé aux urgences, ...).
§ 3. Dans le cas d'un site hospitalier comportant plusieurs bâtiments, immeubles de grande hauteur ou non, l'organisation du service de sécurité incendie et d'assistance à personnes peut être centralisée aux conditions suivantes :
— respecter les dispositions de l'article GH 62 § 3.
— respecter les dispositions du § 2 ci-dessus ; dans ce cas, si la présence physique permanente d'une personne qualifiée en installations électriques est assurée par un personnel du service de sécurité incendie et d'assistance à personnes, il dispose de la compétence et des qualifications nécessaires.

Chapitre VI

GH W : dispositions particulières aux immeubles à usage de bureau

Section I

Immeubles de la classe GH W 1

Article GH W 1er
Particularités

Conformément aux dispositions de l'article R. 122-9 (2°) du code de la construction et de l'habitation, les immeubles de la classe GH W1 peuvent ne comporter qu'un escalier lorsque les conditions ci-après sont simultanément réalisées :
— il s'agit de la situation existante à la date de publication du présent arrêté ;
— la surface hors œuvre nette de chaque compartiment, définie à l'article 10 du décret, n'excède pas 750 m² ;
— la distance séparant les sorties des différents locaux sur les circulations horizontales communes de l'un des dispositifs d'accès à l'escalier n'excède pas 10 mètres. Il ne peut exister plus de deux dispositifs d'accès à l'escalier par niveau ;
— les locaux d'archives visés à l'article GH 61 § 4 ne sont aménagés qu'aux derniers niveaux et ne comportent pas de bureaux.

Section II
Dispositions communes aux classes GH W 1 et GH W 2

Article GH W 2
Encloisonnement

§ 1. En plus de l'encloisonnement des circulations horizontales communes prévues par l'article GH 23, § 3, le volume occupé par les locaux privatifs dans chaque compartiment et à chaque niveau est recoupé en volumes au plus égaux à la moitié du volume total de ces locaux, à plus ou moins 5 % près, par des éléments coupe-feu de degré une heure ou REI 60 et des blocs-portes pare-flammes de degré une demi-heure, équipés de ferme-porte ou E 30 - C.

§ 2. Par dérogation à l'article GH 23, § 3, les cloisons des circulations horizontales communes peuvent comporter des éléments verriers pare-flammes de degré une heure ou E 60, à partir d'une hauteur de un mètre au-dessus du plancher ou, sans allège, des éléments verriers EW 60.

§ 3. Les portes prévues à l'article GH 25, § 3, et celles définies au § 1 ci-dessus peuvent être à fermeture automatique si elles respectent l'ensemble des conditions suivantes :
— le dispositif répond aux exigences de la norme NF S 61-937 de décembre 1990 ;
— la fermeture de l'ensemble des portes par compartiment est obtenue conformément aux dispositions de l'article GH 49, § 6.1 et 6.2, sans obligation de signalisation.

Article GH W 3
Distance maximale d'évacuation

En complément des dispositions de l'article GH 24, § 1 et § 2, la distance, mesurée dans l'axe des circulations remplit l'une des conditions suivantes :
— soit 35 mètres au maximum entre tout poste de travail et l'entrée du dispositif d'accès à l'escalier le plus proche ;
— soit 25 mètres au maximum entre tout poste de travail et l'accès à une circulation horizontale commune sans que la distance entre un poste de travail et l'entrée du dispositif d'accès à l'escalier le plus proche n'excède 40 mètres.

Article GH W 4
Alarme

Les dispositifs sonores prévus par l'article GH 49 sont installés dans les locaux recevant au moins vingt personnes et dans les circulations horizontales communes et privatives.

Article GH W 5
Service de sécurité incendie et d'assistance à personnes

§ 1. En application des dispositions de l'article GH 62, le service de sécurité incendie et d'assistance à personnes des immeubles de classe GH W1 ou GH W2 comprend, sous la direction du chef de sécurité incendie de l'immeuble :

a) Un service central de sécurité incendie dont la composition est fixée comme suit en fonction de la classe de l'immeuble :
— GH W1 inférieur ou égal à 750 m² : deux agents de sécurité en permanence, dont un chef d'équipe ;
— GH W1 de plus de 750 m² :
— en période d'occupation de l'immeuble : trois agents de sécurité en permanence dont un chef d'équipe ;
— en période de non-occupation : deux agents de sécurité en permanence dont un chef d'équipe ;
— GH W2 : trois agents de sécurité en permanence dont un chef d'équipe. Toutefois, après avis de la commission de sécurité, cet effectif peut être ramené à deux agents de sécurité en période de

non-occupation ;

b)   Un service local de sécurité incendie par compartiment, constitué selon les dispositions du § 2 ci-après.

§ 2. Les occupants de chaque compartiment sont tenus de participer au service local de sécurité.
Il est composé d'un chef de compartiment et d'agents désignés parmi le personnel permanent de chaque entreprise au prorata de son effectif.
Le nombre d'occupants ainsi désignés est égal au vingt-cinquième au moins des occupants du compartiment, avec un minimum de six.

§ 3. Les rondes assurées par le service central de sécurité incendie et d'assistance à personnes ont lieu, la première immédiatement après le départ des employés, la suivante deux heures plus tard et une troisième au moins dans le courant de la nuit.
Le service central de sécurité incendie et d'assistance à personnes organise des exercices d'évacuation périodiques dans les conditions prévues à l'article GH 60 § 2 et les occupants sont tenus d'y participer.

§ 4. Le service local de sécurité a pour mission en cas de sinistre :

a)   d'alerter le service central de sécurité incendie ;
b)   de vérifier l'isolement du compartiment par la fermeture des portes coupe-feu ;
c)   d'organiser l'évacuation du compartiment, en prenant en compte, le cas échéant, la situation de personnes en situation de handicap ;
d)   de mettre en œuvre les moyens de premiers secours ;
e)   de rendre compte de la situation au poste central de sécurité.

Chapitre VII

GH Z : dispositions particulières applicables aux immeubles d'habitation d'une hauteur supérieure à 28 mètres et inférieure ou égale à 50 mètres comprenant des locaux autres que ceux à usage d'habitation

Article GH Z unique
Champ d'application

§ 1. L'aménagement dans un bâtiment d'habitation, dont le plancher bas du dernier niveau est situé à plus de 28 mètres et au plus à 50 mètres, de locaux affectés à une ou plusieurs des activités autorisées par l'article R. 122-5 du code de la construction et de l'habitation, a pour effet de le placer dans la catégorie des immeubles de grande hauteur. Il est alors de la classe Z.

§ 2. Toutefois, le bâtiment n'est pas considéré comme immeuble de grande hauteur dans les cas suivants, réputés lui conférer l'indépendance requise à l'article R. 122-2 du code de la construction et de l'habitation :

a) Les locaux sont affectés à une activité professionnelle et font partie du même ensemble de pièces que celles où se déroule la vie familiale.

b) Les locaux sont affectés à des activités professionnelles de bureaux, ou constituent un établissement recevant du public dépendant d'une même personne physique ou morale et répondent simultanément aux conditions suivantes :

   — ils forment un seul ensemble de locaux contigus, d'une surface de 200 m² au plus, pouvant accueillir moins de vingt personnes à un même niveau ;
   — ils sont isolés des autres parties du bâtiment par des parois coupe-feu de degré une heure ou REI 60 et des blocs-portes, pare-flammes de degré une demi-heure ou E 30.

c) Les locaux sont affectés à des activités professionnelles de bureaux, ou constituent des établissements recevant du public de 5e catégorie qui répondent à l'ensemble des conditions suivantes :

   — le plancher bas du niveau le plus haut occupé par ces locaux est toujours situé à huit mètres au plus au-dessus du niveau du sol extérieur accessible aux piétons ;
   — chaque niveau occupé par ces locaux a au moins une façade en bordure d'une voie répondant aux caractéristiques définies dans l'arrêté du 31 janvier 1986 relatif à la protection des bâtiments d'habitation contre l'incendie ;
   — ces locaux et leurs dégagements sont isolés de la partie du bâtiment réservée à l'habitation par des parois coupe-feu de degré deux heures ou REI 120, sans aucune intercommunication.

d) De même, l'aménagement d'un établissement recevant du public du type N sur les deux niveaux les plus élevés d'un immeuble à usage d'habitation de moins de 50 mètres de hauteur au sens des dispositions de l'article R. 122-2 du code de la construction et de l'habitation, n'a pas pour effet de classer cet immeuble dans la classe GH Z, si l'établissement considéré ne communique pas directement avec le reste de l'immeuble, est desservi par au moins deux escaliers protégés, au sens de l'arrêté précité relatif à la protection contre l'incendie dans les bâtiments d'habitation, de deux unités de passage et ne peut recevoir plus de 500 personnes.

e)   Lorsqu'un établissement recevant du public du 1er groupe est implanté ou s'implante dans l'emprise d'un immeuble d'habitation de la 4e famille existant à la date d'application du présent règlement, l'ensemble, pour ne pas être classé GH Z, répond au moins aux conditions suivantes :

   — l'établissement recevant du public respecte les dispositions qui lui sont applicables au titre du règlement de sécurité prévu à l'article R. 123-12 du code de la construction et de l'habitation qui n'atténuent pas les dispositions ci-dessous ;
   — l'établissement recevant du public est composé, pour la partie accessible au public, d'un seul volume de plain-pied ;
   — l'établissement recevant du public est composé d'un seul niveau de plain-pied ;
   — les parois et planchers séparant l'immeuble d'habitation de la 4e famille de l'établissement recevant du public du 1er groupe sont coupe-feu de degré trois heures ou REI 180. Les éléments porteurs de l'immeuble d'habitation de la 4e famille traversant ces volumes sont stables au feu de degré trois heures ou R. 180 ;
   — l'indépendance de l'établissement recevant du public est complète par rapport au reste de l'immeuble (accès, dégagements, installations techniques) ;
   — il n'existe aucune communication entre l'établissement recevant du public et le bâtiment d'habitation ;
   — les réserves éventuelles de l'établissement recevant du public sont limitées chacune à 200 m² et à 500 m³, sans communication entre elles et isolées par des parois coupe-feu de degré deux heures ou REI 120. Les blocs-portes de ces réserves débouchant sur les parties accessibles au public sont coupe-feu de degré une heure et équipées de ferme-portes ou EI 60 - C ;
   — les conditions de desserte et d'accès du bâtiment d'habitation de la 4e famille telles que définies au permis de construire sont conservées ;
   — il existe un C + D de 1,50 mètre au moins placé au-dessus et au droit de l'établissement recevant du public, si celui-ci est à l'aplomb de la façade ou une avancée en couverture pare-flammes de degré deux heures ou E 120, d'au moins 1, 50 mètre et jusqu'à 8 mètres de distance dans les autres cas.

Chapitre VIII

GHTC : dispositions particulières
applicables aux immeubles à usage de tour de contrôle

Article GHTC unique
Champ d'application

Les dispositions jointes en appendice au présent titre constituant le cahier des charges relatif à la prévention incendie dans les tours de contrôle destinées à la navigation aérienne s'appliquent aux tours de contrôle répondant aux conditions définies à l'article R. 122-2 du code de la construction et de l'habitation.

Chapitre IX

ITGH : dispositions particulières
aux immeubles de très grande hauteur

Article ITGH 1
Généralités

Les dispositions de ce chapitre s'appliquent en complément et en aggravation des dispositions prévues aux autres chapitres du présent règlement de sécurité.

Article ITGH 2
Structures

Les éléments de construction primaires porteurs sont stables au feu de degré trois heures ou R.180.

Article ITGH 3
Escaliers

Les gaines d'escaliers sont recoupées tous les 100 mètres de hauteur environ pour former des volumes en superposition. Le passage entre deux volumes successifs précités est réalisé à un même niveau par un dispositif d'intercommunication commun aux deux volumes. Ce dispositif d'intercommunication permet également d'accéder à la circulation horizontale commune.

Article ITGH 4
Ascenseurs prioritaires pompiers

§ 1. Chaque niveau de l'ITGH dispose d'un compartiment desservi par au moins trois ascenseurs « pompiers » tels que définis à l'article GH 34. Ils respectent, en outre, les conditions suivantes :

— deux ascenseurs sont capables de desservir le niveau le plus élevé de l'immeuble depuis le niveau d'accès des secours dans un temps maximal de 60 secondes ;
— le troisième ascenseur, permettant d'emporter une charge de 2 500 kg, est capable de desservir le dernier niveau dans un temps maximum de 120 secondes.

§ 2. Lorsque l'immeuble dispose de plusieurs compartiments par niveaux, communiquant conformément aux dispositions de l'article GH 25, la desserte de chaque niveau s'effectue selon les dispositions suivantes :

— au moins un compartiment répond aux dispositions du § 1 ;
— les autres compartiments disposent chacun de deux ascenseurs « pompiers » tels que définis à l'article GH 34 ; le premier ascenseur le desservant depuis le niveau d'accès des secours dans un temps maximum de 60 secondes, le second ascenseur, permettant d'emporter une charge de 2 500 kg, le desservant dans un temps maximum de 120 secondes.

Article ITGH 5
Moyens d'extinction

§ 1. Un système d'extinction automatique de type sprinkleur couvre l'ensemble de l'immeuble. Il est installé conformément aux dispositions de l'article MS 25 du règlement de sécurité des établissements recevant du public. En présence de risques spécifiques, une installation fixe d'extinction automatique appropriée aux risques existants, ayant fait l'objet d'un avis favorable de la commission de sécurité, peut être mise en place.

§ 2. Les immeubles de très grande hauteur disposent d'une colonne en charge par cage d'escalier, en application des dispositions de l'article R. 122-9 du code de la construction et de l'habitation.
Ces colonnes en charge sont alimentées par deux dispositifs de surpression indépendants.
Chaque groupe de surpresseurs assure, en permanence, à chaque niveau et dans chaque colonne, un débit de 2 000 litres par minute sous une pression comprise entre 7 et 9 bars.
L'alimentation électrique des dispositifs de surpression est réalisée de telle sorte qu'un incident survenant sur un équipement n'affecte pas le bon fonctionnement du ou des autre(s). Le choix d'alimenter les colonnes en charge à partir de l'un ou l'autre des groupes surpresseurs est réalisé par une seule action à partir d'une commande manuelle depuis le poste central de sécurité incendie.
Le réseau d'alimentation en eau des colonnes en charge constitue un réseau maillé par immeuble. Des dispositifs d'isolement de l'alimentation en eau d'une colonne en charge par rapport à une autre colonne en charge sont mis en place. Ces dispositifs d'isolement disposent de contrôles de positions reportés au poste central de sécurité incendie.
Les réservoirs d'eau destinés aux colonnes en charge disposent d'une capacité en eau telle que 240 m³ au moins soient exclusivement réservés au service d'incendie. Ils sont alimentés en permanence par les

moyens propres à l'immeuble prévus à l'article GH 52 § 1 avec un débit minimal de 2 000 litres par minute. Lorsque les réservoirs sont placés en partie basse de l'immeuble, les deux groupes de surpresseurs sont installés dans deux locaux techniques distincts réservés à cet usage unique.

Article ITGH 6
Charge calorifique

Les dispositions prévues à l'article I.T.GH 5 § 1 ne s'opposent pas à l'application des mesures relatives aux charges calorifiques surfaciques définies à l'article GH 61.

Article ITGH 7
Local de gestion d'intervention. —
Local de sécurité incendie avancé

§ 1. Un local de gestion d'intervention, contigu au poste central de sécurité incendie, est installé afin de permettre aux services publics de secours et de lutte contre l'incendie d'organiser et de gérer leurs moyens mis en œuvre en cas d'incendie ou, s'ils le jugent nécessaire, de tout autre événement concernant l'immeuble où ils seraient engagés.
Ce local a une surface d'au moins 150 m² et dispose d'un moyen de liaison direct avec le poste central de sécurité incendie ainsi que d'une liaison téléphonique urbaine fixe.
Un local identique à celui défini ci-dessus, appelé local de sécurité incendie avancé, est installé à un niveau situé sensiblement aux deux tiers de la hauteur de l'immeuble de très grande hauteur. Quelle que soit son utilisation en dehors des situations de crise, il peut être activé sans délai ni contrainte particulière dès que le responsable des pompiers en effectue la demande. Le cheminement permettant aux intervenants de rejoindre ce local depuis les escaliers et les ascenseurs est balisé.

§ 2. Les dispositions définies à l'article GH 62 § 4 ne sont pas autorisées pour les immeubles de très grande hauteur.

Article ITGH 8
Composition du service de sécurité incendie
et d'assistance à personnes

Le service de sécurité incendie et d'assistance à personnes d'un ITGH est composé d'au moins un chef de service de sécurité incendie, deux chefs d'équipe de sécurité qualifié SSIAP 2 et trois agents de sécurité qualifié SSIAP 1.

La composition de ce service peut être augmentée sur demande de la commission de sécurité selon les activités recensées dans l'ITGH.

APPENDICE

CAHIER DES CHARGES RELATIF À LA PRÉVENTION INCENDIE DANS LES TOURS DE CONTRÔLE DESTINÉES À LA NAVIGATION AÉRIENNE

I. — Dispositions générales

1.1. Défintion

Sont concernées par le présent cahier des charges les tours de contrôle destinées à la navigation aérienne, non occupées en leur fût par des locaux autres que directement liés au fonctionnement de la tour de contrôle, et dont le plancher bas du niveau le plus haut (accessible aux contrôleurs aériens) est à plus de 28 mètres, au sens de l'article R. 122-2 du code de la construction et de l'habitation.
Ces installations sont destinées à recevoir un effectif 19 personnes.
Les tours « habitées » ou accueillant des activités au sein de leur fût et dont le plancher bas du niveau le plus haut est à plus de 28 mètres, conformément aux dispositions de l'article R. 122-2 du code de la construction et de l'habitation, sont assujetties aux règles relatives aux immeubles de grande hauteur.

1.2. Application du cahier des charges
aux établissements existants

A l'exception des dispositions relatives aux contrôles et aux vérifications techniques, le présent cahier des charges ne s'applique pas aux établissements existants.
Lorsque des travaux de remplacement d'installation, d'aménagement ou d'agrandissement sont entrepris dans les tours existantes, les dispositions du présent cahier des charges sont applicables aux seules parties de la construction ou des installations modifiées.

II. — Conditions d'utilisation
Installations classées

A l'exception des installations strictement nécessaires au fonctionnement de la navigation aérienne (exemple : les chargeurs des onduleurs...), les tours de contrôle ne contiennent pas d'installations classées dans la nomenclature relative aux installations classées pour la protection de l'environnement, lorsque le classement résulte des dangers d'incendie et d'explosion qu'ils représentent.
Il est interdit d'y entreposer ou d'y manipuler des liquides particulièrement inflammables ou des liquides inflammables de 1re catégorie.

III. — Obligations relatives à l'occupation des locaux Responsablité des propriétaires, constructeurs et exploitants

Les constructeurs et installateurs sont tenus, chacun en ce qui le concerne, de s'assurer que les installations et équipements sont établis en conformité avec les dispositions réglementaires et en particulier que le comportement au feu des matériaux et éléments de construction répond aux conditions fixées par le présent cahier des charges.

Le contrôle exercé par l'administration ou par la commission consultative départementale de sécurité et d'accessibilité ne dégage pas les constructeurs et installateurs des responsabilités qui leur incombent personnellement.

Les propriétaires maintiennent et entretiennent les installations en conformité avec les dispositions du présent cahier des charges ; pour ce faire, ils font procéder :

— pendant les travaux de construction et d'aménagement, à la vérification par un organisme agréé par le ministère de l'intérieur ;

— pendant l'exploitation de l'établissement, à des vérifications périodiques des équipements par des techniciens compétents ou par un organisme agréé suivant les dispositions du chapitre 18.1 du présent cahier des charges.

IV. — Construction

4.1. Conception et desserte

4.1.1. Enumération des principes de sécurité

Pour assurer la sauvegarde des occupants et du voisinage et pour assurer la sécurité de la navigation aérienne, la construction des tours de contrôle permet de respecter les principes de sécurité ci-après :
Pour permettre de vaincre le feu avant qu'il n'ait atteint une dangereuse extension :

— la tour de contrôle est divisée en compartiments définis au présent cahier des charges, leurs parois ne permettent pas le passage du feu de l'un à l'autre ;
— les matériaux combustibles se trouvant dans chaque compartiment sont limités ;
— les matériaux susceptibles de propager rapidement le feu sont interdits.
L'évacuation des occupants est assurée au moyen d'un escalier encloisonné ou à l'air libre.
— l'accès des ascenseurs est interdit dans les compartiments atteints ou menacés par l'incendie.
La tour de contrôle comporte :
— une ou plusieurs sources autonomes d'électricité destinées à remédier, le cas échéant, aux défaillances de celle utilisée en service normal ;
— un système d'alarme efficace ainsi que des moyens de lutte à la disposition des services publics de secours et de lutte contre l'incendie et, s'il y a lieu, à la disposition des occupants.

En cas de sinistre dans une partie de la tour, au moins un ascenseur ou monte-charge continue de fonctionner pour le service des étages et compartiments non atteints ou menacés par le feu.

Des dispositions appropriées empêchent le passage des fumées du compartiment sinistré aux autres parties de la tour.

Pour éviter la propagation d'un incendie extérieur à une tour de contrôle, celle-ci est isolée par un volume de protection répondant aux conditions fixées par le présent cahier des charges.

4.2. Voies d'accès pour les véhicules de lutte contre l'incendie

Les accès de la tour utilisables par les sapeurs-pompiers sont situés à 30 mètres au plus d'une voie permettant la circulation et le stationnement des engins de lutte contre l'incendie.

Cette voie d'une largeur minimale de 8 mètres comporte une chaussée répondant aux caractéristiques suivantes :

- largeur : 3 mètres ;
- largeur de l'aire d'évolution devant l'accès à la tour : 6 mètres sur une longueur de 20 mètres minimum ;
- force portante calculée pour un véhicule de 160 kilonewtons avec un maximum de 90 kilonewtons par essieu, ceux-ci étant distants de 3,60 mètres au minimum ;
- résistance au poinçonnement 80 N/cm² sur une surface minimale de 0,20 m² ;
- rayon intérieur minimal R = 11 mètres ;
- Surlargeur S = 15/R dans les virages de rayon inférieur à 50 mètres (S et R étant exprimés en mètres) ;
- hauteur libre : 3,50 mètres (passage sous portique) ;
- pente inférieure à 15 %.

Si la desserte nécessite l'utilisation d'une impasse sur une longueur supérieure à 30 mètres, elle est terminée par une aire de manœuvre de retournement et répond aux caractéristiques ci-dessus énoncées.

4.3. Isolement

4.3.1. Définition et servitude du volume de protection

Le volume de protection est un espace libre de toute construction correspondant aux nus de la projection des parties les plus saillantes des façades. Ce volume est dégagé de tout élément combustible sur une distance de 8 mètres.

Les sorties sur ce niveau sont atteintes en permanence à partir des voies accessibles.

Le franchissement du volume de protection par une galerie de liaison est autorisé dans les conditions suivantes :

- la galerie ne comporte aucun dépôt ou aménagement constituant une charge calorifique appréciable ;
- la galerie est isolée de chaque bâtiment mis en communication par des blocs-portes, pare-flammes une demi-heure ou E 30 ;
- la galerie ne sert de cheminement d'évacuation que si elle dégage directement sur l'extérieur.

4.3.2. Isolement latéral entre une tour de contrôle et les tiers contigus

Pour éviter la propagation d'un incendie extérieur à une tour de contrôle, celle-ci est isolée des constructions voisines par un mur ou une façade verticale coupe-feu de degré deux heures ou REI 120, sur toute la hauteur de la construction du tiers ; ce degré est porté à trois heures ou REI 180 si le bâtiment tiers abrite une exploitation à risques particuliers d'incendie.

Sur un plan horizontal, l'une des dispositions suivantes est adoptée :

— la façade est coupe-feu de degré deux heures, REI 120 ou EI 120, sur 8 mètres de hauteur à partir de la ligne d'héberge, les baies éventuellement pratiquées étant pare-flammes de degré deux heures ou E 120 et montées sur des châssis fixes ;
— la toiture la plus basse est réalisée en éléments de construction pare-flammes de degré une demi-heure ou E 30, sur 4 mètres mesurés horizontalement à partir de la façade. Si le tiers abrite une exploitation à risques particuliers d'incendie, cette valeur est portée à pare-flammes de degré une heure ou E 60 sur une distance de 8 mètres.

Une communication est possible soit par un dispositif d'intercommunication muni de 2 blocs-portes pare-flammes de degré une demi-heure ou E 30, soit par l'intermédiaire d'un bloc-porte coupe-feu de degré une heure, munie d'un ferme-porte ou EI 60-C.

4.3.3. Isolement en vis-à-vis

Si les façades de la tour de contrôle et d'un tiers sont séparées par un volume de protection de moins de 8 mètres, la façade de l'un d'eux est pare-flammes de degré une heure, RE 60 ou E 60, les baies éventuelles étant obturées par des éléments pare-flammes de degré une demi-heure ou E 30.
La partie horizontale de la toiture située dans le volume de protection des 8 mètres dispose d'un écran pare-flammes de degré une demi-heure ou E 30 pour un feu intérieur.

V. — Résistance au feu des structures

Les éléments principaux de la structure et les planchers de recoupements de la tour sont :

— stables au feu de degré deux heures ou R. 120 pour la structure ;
— coupe-feu de degré deux heures ou REI 120 pour les planchers de recoupement, au sens du compartimentage incendie de la tour.

Il n'est pas exigé de résistance au feu pour les superstructures de la vigie.

VI. — Eléments de couverture

Les éléments constitutifs de la toiture sont B roof (t).

VII. — Façades

Les éléments de façades rapportés distincts de la structure porteuse sont M1 ou B-s3, d 1. Ils respectent les dispositions définies dans l'instruction technique n° 249.

VIII. — Distribution intérieure

8.1. Distribution intérieure

8.1.1. Le fût

Le fût de la tour est recoupé horizontalement par des planchers coupe-feu de degré deux heures, EI 120 ou REI 120, formant des compartiments dont la hauteur entre planchers est inférieure à 11 mètres. Toutefois, les compartiments ainsi formés comportent des planchers intermédiaires coupe-feu de degré une heure tous les 6 mètres maximum, EI 60 ou REI 60.

Les communications entre les locaux et les escaliers encloisonnés ou à l'air libre s'effectuent par des dispositifs d'intercommunication d'une surface comprise entre 3 et 6 mètres carrés, équipés de deux blocs-portes, pare-flammes de degré une demi-heure, munis de ferme-porte ou E 30-C.

Aucun local ne débouche directement dans le volume d'un escalier encloisonné ou à l'air libre.

8.1.2. Espace sous vigie

8.1.2.1. Définition

L'espace sous vigie constitue un compartiment dans lequel débouchent l'escalier et les ascenseurs venant du niveau d'accès de la tour et dans lequel prennent naissance les communications verticales menant au podium de la vigie. Cet espace peut comporter des « locaux de vie » du personnel de vigie, pouvant notamment disposer d'éléments de cuisson et de remise en température dont la puissance cumulée est limitée à 3,5 kW.

8.1.2.2. Exigences

Les « locaux de vie » situés dans l'espace sous vigie, sont isolés du palier de distribution du niveau par des parois coupe-feu de degré une heure ou EI 60 et des blocs-portes coupe-feu de degré une demi-heure, munis de ferme-porte ou EI 30-C.

L'escalier menant à la vigie dispose d'un bloc-porte d'isolement pare-flammes de degré une demi-heure, équipé d'un ferme-porte ou E 30-C s'ouvrant dans le sens de l'évacuation depuis la vigie.

8.1.3. Vigie

La vigie comprend l'espace de surveillance et le local technique associé (strictement en sous-face) ; ces espaces ne sont pas isolés entre eux. Cet ensemble forme un compartiment.

8.2. Locaux à risques

8.2.1. Locaux à risques importants

Les locaux à risques importants sont :

— les réserves limitées aux besoins de la tour ;
— les postes de transformation ;
— les locaux électriques « Haute tension ».

Ces locaux sont isolés par des parois et planchers coupe-feu de degré deux heures, EI 120 ou REI 120 et des blocs-portes coupe-feu de degré une heure, munis de ferme-porte ou EI 60-C. Ils sont isolés des dégagements par des dispositifs d'intercommunication.

8.2.2. Locaux à risques moyens

Les locaux à risques moyens sont :

— les machineries d'ascenseurs ;
— les locaux techniques de climatisation ;
— les locaux électriques ;
— les locaux batteries.

Ces locaux sont isolés par des parois et planchers coupe-feu de degré une heure, REI 60 ou EI 60 et des blocs-portes coupe-feu de degré une demi-heure, munis de ferme-porte ou EI 30-C.
Les locaux dits « volume technique protégé » (VTP) abritant des équipements du système de sécurité incendie sont traités comme des locaux à risques moyens.

IX. — Conduits et gaines

9.1. Dispositions générales relatives aux cages, trémies, gaines et conduits

Des dispositions appropriées empêchent le passage des fumées du compartiment sinistré aux autres parties de l'immeuble.
Les cages d'escalier, d'ascenseur et de monte-charge sont constituées de parois construites en

matériaux incombustibles ou A1 et coupe-feu de degré deux heures, EI 120 ou REI 120.
Tous les autres conduits verticaux sont placés dans des gaines, sauf s'ils présentent eux-mêmes un degré coupe-feu de traversée égal au degré coupe-feu de la paroi franchie.

9.2. Dispositions particulières
aux gaines verticales non recoupées

Les gaines techniques verticales dont le recoupement au droit des planchers est rendu impossible par leur destination, sont coupe-feu de degré deux heures EI 120 (ve) (i o). Les dispositifs de visites, tels que les trappes ou portes de visite sont coupe-feu de degré deux heures ou EI 120. Ces dispositifs sont maintenus normalement fermés par une serrure, sauf dans les cas visés à l'alinéa suivant.
Les dispositifs de communication entre les ascenseurs et les compartiments répondent aux dispositions du chapitre XVI § 16.2 du présent cahier des charges.

9.3. Dispositions particulières aux gaines verticales recoupées

Toutes les gaines techniques verticales autres que celles visées à l'article précédent sont recoupées au droit de chaque plancher constituant les compartiments par des séparations coupe-feu de degré deux heures ou EI 120 ne laissant aucun vide entre les conduits. Le calfeutrement s'effectue également autour des câbles électriques.
Les trappes et portes de visite de ces gaines sont coupe-feu de degré une demi-heure ou EI 30 et maintenues normalement fermées par une serrure.
Leur surface par gaine et par niveau est limitée à 0,80 m² pour les gaines contenant les conduits aérauliques de chauffage ou de ventilation et à 1,40 m² pour les gaines contenant les conduits d'évacuation ou d'alimentation en eau, des câbles, canalisations ou tableaux électriques.
Au-delà de ces surfaces, les trappes ou portes de visite sont coupe-feu de degré une heure ou EI 60.

9.4. Dispositions particulières aux gaines
et conduits d'allure horizontale

Les gaines ou conduits d'allure horizontale présentent, dans la traversée des parois coupe-feu des locaux présentant des dangers d'incendie, un coupe-feu de traversée égal au degré coupe feu de la paroi franchie.
Les matériaux constituant les parois des gaines d'allure horizontale sont de catégorie M0 ou A2-s 1, d0 ; les trappes de visite sont d'un degré coupe-feu égal à la moitié de celui de la gaine.

X. — Dégagements

10.1. Escalier principal d'évacuation

Les tours de contrôle disposent d'un escalier de deux unités de passage desservant au moins le niveau bas du dernier compartiment. Cet escalier permet le passage d'un brancard.

Cet escalier est encloisonné ou à l'air libre. Pour être considéré comme à l'air libre, la façade est mise en communication avec l'extérieur sur une proportion d'au moins 50 % par volée.

L'escalier desservant les étages est continu jusqu'au niveau permettant l'évacuation sur l'extérieur ou sur un dégagement menant directement à l'extérieur.

Les cages d'escaliers desservant les étages et celles desservant les sous-sols sont interrompues au niveau d'évacuation.

Aucun local ne débouche directement dans l'escalier principal d'évacuation. les communications éventuelles s'effectuent par l'intermédiaire d'un dispositif d'intercommunication équipé de deux blocs-portes, pare-flammes de degré une demi-heure et munis de ferme-porte ou E 30-c. Toutefois, pour des raisons d'exploitation, les portes peuvent être à fermeture automatique, asservie à la détection incendie.

Le débouché de l'escalier au niveau d'évacuation s'effectue :

    — soit directement sur l'extérieur ;
    — soit, dans le cas d'une évacuation via une galerie, à moins de 20 mètres d'une sortie sur l'extérieur.

10.2. Dégagements intérieurs

La vigie et les locaux du compartiment le plus haut sont desservis par un dégagement ayant une largeur d'une unité de passage menant à l'escalier principal d'évacuation de deux unités de passage. Ce dégagement débouche par l'intermédiaire d'un dispositif d'intercommunication dans l'escalier principal d'évacuation de la tour de contrôle.

XI. — Aménagements intérieurs

11.1. Réaction au feu des matériaux de sol

Les revêtements de sol sont être de catégorie M3 ou Bfl - s1.
La paroi support du revêtement est de catégorie M0 ou A1, sauf pour les planchers surélevés, à libre accès, qui peuvent être de catégorie M1 ou B, côté plénum.

11.2. Plafonds et plafonds suspendus

La paroi support du revêtement est de catégorie M0 ou A1.
Les éléments constitutifs des plafonds suspendus et les matériaux de revêtement des plafonds sont de catégorie M1 ou B-s2, d0. En outre, la charge calorifique surfacique dépasse pas 21 MJ par mètre carré. Dans les dégagements communs, les éléments constitutifs des plafonds suspendus et les matériaux de revêtement des plafonds sont réalisés en matériaux de catégorie M0 ou A2-s2, d0.
Le plénum entre le plancher haut et le plafond suspendu est recoupé par des éléments en matériaux de catégorie M0 ou A1 ou par des parois coupe-feu de degré une demi-heure ou EI 30 et ne contient que des matériaux de catégorie M0 ; toutefois des matériaux de catégorie A2-s2, d0 sont admis.
Les éventuels câbles électriques répondent aux dispositions de l'article 14.1.
Ces cellules ont une superficie maximale de 300 mètres carrés, la plus grande dimension n'excédant pas

30 mètres.

Si la hauteur du plénum excède 0,20 mètre, il est visitable dans toutes ses parties.

11.3. Revêtements des parois latérales

La paroi support du revêtement est de catégorie M0 ou A1.

Les matériaux de revêtement des parois latérales, à l'exception des blocs-portes, sont de catégorie M1 ou B-s2, d0. Toutefois, la charge calorifique surfacique du revêtement ne dépasse pas 21 MJ par mètres carrés.

Dans les dégagements communs, à l'exception des cabines d'ascenseur, les matériaux de revêtement des parois latérales, à l'exception des blocs-portes sont de catégorie M0 ; toutefois des matériaux de catégorie A2-s2, d0 sont admis.

XII. — Désenfumage

12.1. Désenfumage de l'escalier principal d'évacuation

L'escalier principal d'évacuation, s'il est encloisonné, est mis en surpression et dispose en partie haute d'un ouvrant d'au moins un mètre carré, dont la commande manuelle est située à proximité de l'accès à l'escalier au niveau d'évacuation.

La surpression réalisée est comprise entre 20 et 80 pascals. Ces valeurs s'entendent toutes portes fermées. Le débit est tel qu'il assure une vitesse de passage de l'air supérieure ou égale à 0,50 mètre par seconde à travers la porte d'accès au niveau sinistré, les autres niveaux étant fermés.

12.2. Désenfumage de la vigie

La vigie dispose d'un désenfumage naturel calculé sur la base du 1/100e avec un minimum de un mètre carré. La commande est manuelle et placée à l'entrée du compartiment incluant la vigie.

XIII. — Chauffage, ventilation, conditionnement d'air

Les installations de ventilation, de chauffage et de climatisation sont conformes aux dispositions du chapitre V du titre Ier du livre II du règlement de sécurité des établissements recevant du public. De plus, les dispositions suivantes sont appliquées :

13.1. Production de chaleur

La production de chaleur par combustible est interdite dans la tour ou dans le volume de protection.

13.2. Réseaux de ventilation

Quand les réseaux de ventilation ne sont pas placés dans une gaine telle que définie au chapitre IX du présent cahier des charges, ils disposent d'un clapet coupe-feu à la traversée des planchers de recoupement des compartiments.
Ils assurent un degré coupe-feu de traversée entre les compartiments.

En vigie, les plénums des planchers surélevés, à libre accès ne servent pas de plénum de soufflage.
Les locaux de ventilation situés dans le fût répondent aux spécifications des locaux à risques moyens.
Les conduits de ventilation disposent de clapets coupe-feu au franchissement de la paroi du local, assurant le degré coupe-feu de traversée.
Pour les centrales de traitement d'air dont le débit est supérieur à 10 000 mètres cubes par heure, un détecteur autonome déclencheur (DAD), sensible aux fumées et aux gaz de combustion est installé en aval du caisson de traitement d'air et à l'origine des conduits de distribution.

Ce détecteur, conforme à la norme NF S 61-961 (septembre 2007) assure automatiquement :

— l'arrêt du ventilateur ;
— la fermeture d'un registre métallique situé en aval des filtres ;
— s'il y a lieu, la coupure de l'alimentation électrique des batteries de chauffe.

XIV. — Installations électriques

14.1. Généralités

Les installations électriques sont réalisées conformément aux décrets, arrêtés, et en particulier aux dispositions des articles du chapitre VII du règlement de sécurité des établissements recevant du public.
Les câbles électriques répondent aux articles 4 et 5 de l'arrêté du 21 juillet 1994 modifié portant classification et attestation de conformité du comportement au feu des conducteurs et câbles électriques et agrément des laboratoires d'essai.
L'ensemble des canalisations et équipements est installé de manière que l'on puisse facilement en tout temps localiser les défauts et remplacer les matériels et conducteurs détériorés.

14.2. Transformateurs

Les transformateurs de puissance peuvent être secs ou contenir un diélectrique liquide. Leur refroidissement est naturel sans ventilation forcée. Si le diélectrique est un liquide inflammable, la quantité n'est pas supérieure à 25 litres par cuve, bac, réservoir ou par groupe de tels récipients communicants.
Les transformateurs sont placés dans un local dont les parois sont coupe-feu de degré deux heures, EI 120 ou REI 120 et les blocs-portes coupe-feu de degré une heure et munis d'un ferme-porte ou EI 60-C.
Ce local est ventilé directement sur l'extérieur. Si la ventilation est mécanique, elle est alimentée par la source de sécurité.
En outre, s'il s'agit de transformateurs contenant un diélectrique liquide, le local comporte un cuvelage de

rétention étanche dont les dimensions correspondent au volume total du diélectrique.
Des dispositions semblables sont applicables au matériel électrique pouvant présenter des dangers analogues.

14.3. Définitions des installations

Les installations électriques comprennent :

a) Les installations normales utilisées en exploitation courante et alimentées par la ou les sources normales ;

b) Les installations de remplacement constituées de tout ou partie des installations normales qu'il y a lieu de réalimenter par une ou plusieurs sources différentes de la source normale, s'il est envisagé de poursuivre l'exploitation en cas de défaillance de cette source ;

c) Les installations de sécurité, dont le maintien en service est indispensable pour assurer la sécurité des personnes et la mise en sécurité de la tour en cas de sinistre et en cas de défaillance des sources normales ; leurs conditions de fonctionnement et leurs sources d'alimentation répondent aux dispositions des articles ci-dessous.

14.4. Caractéristiques des installations de sécurité

Les installations de sécurité comprennent :

- l'éclairage de sécurité ;
- au moins un ascenseur utilisable par les services de secours en cas de sinistre ;
- le désenfumage ;
- les surpresseurs des sources d'eau ;
- la ventilation mécanique des locaux de transformation si elle existe ;
- le système de sécurité incendie.

Ces équipements de sécurité incendie sont maintenus en service pendant toute la durée du sinistre avec un minimum de une heure.
Les installations de sécurité sont alimentées, à partir d'un tableau dit « de sécurité », propre à la tour de contrôle.
Les installations de sécurité répondent aux dispositions prescrites à la section III du chapitre VII du règlement de sécurité des établissements recevant du public.

14.5. Caractéristiques des sources de sécurité

Les sources de sécurité permettent d'assurer simultanément l'alimentation de toutes les installations de sécurité.
La source de sécurité peut être constituée par la source de remplacement de la navigation aérienne.
Dans ces conditions, un départ spécifique est prévu, alimentant le tableau de sécurité. La coupure générale de l'alimentation électrique de la tour n'affecte, en aucun cas, les installations de sécurité incendie.
Dans le cas d'une alimentation de sécurité par un groupe électrogène, celui-ci n'est pas situé à un niveau

supérieur au niveau accessible aux engins des sapeurs-pompiers.

De plus, l'installation de groupes fonctionnant au gaz fait l'objet d'un examen par la commission centrale de sécurité.

14.6. Indépendance des canalisations

Les canalisations alimentant les installations de sécurité sont établies de façon qu'un dérangement survenant sur les autres installations électriques ne les prive pas d'énergie électrique.

XV. — Eclairage

Les installations d'éclairage satisfont aux dispositions du chapitre VIII du règlement de sécurité des établissements recevant du public.

Les installations d'éclairage des circulations et des parties communes de chaque compartiment sont conçues de façon que la défaillance d'un foyer lumineux ou du circuit qui l'alimente n'ait pas pour effet de priver intégralement d'éclairage, une de ces circulations ou parties communes.

La même règle est applicable aux escaliers.

XVI. — Ascenseurs

16.1. Cages et cabines d'ascenseurs

Les cages d'ascenseur sont réalisées dans les conditions définies au chapitre IX, §s 9.1 et 9.2 du présent cahier des charges.

Les ascenseurs sont installés conformément au décret n° 2000-810 du 24 août 2000, relatif à la mise sur le marché des ascenseurs.

Les ascenseurs débouchent, dans tous les cas, sur des circulations horizontales communes et leurs accès sont protégés en cas d'incendie selon les dispositions prévues ci dessous :

16.2. Protection des accès aux ascenseurs

L'accès aux ascenseurs est interdit dans les compartiments atteints ou menacés par l'incendie.

En cas de sinistre dans une partie de la tour de contrôle, les ascenseurs et monte-charge continuent de fonctionner pour le service des étages et compartiments non atteints ou menacés par le feu.

Les spécifications (coupe-feu de degré deux heures, EI 120 ou REI 120), indiquées dans l'article 9.1 du présent cahier des charges concernant les gaines d'ascenseurs, sont assurées selon une des solutions suivantes :

a) L'accès à la cabine s'effectue par l'intermédiaire d'un dispositif d'intercommunication répondant aux caractéristiques de l'article 8.1.1, deuxième § du présent cahier des charges ;

b) Chaque baie de cabine débouchant directement dans un compartiment est obturée par une porte coupe-feu de degré deux heures à fermeture automatique ou EI 120-C ; cette porte peut être battante si le débattement n'excède pas 100°.

Le fonctionnement des portes coupe-feu à fermeture automatique d'un même compartiment se produit :

— simultanément, par la sensibilisation des dispositifs de détection incendie, et par commande à distance à partir du centralisateur de mise en sécurité incendie (CMSI) ;
— individuellement, par un dispositif thermique dès que la température atteint 70 °C à leur partie supérieure et par manœuvre manuelle.

Tous ces modes de fermeture coexistent et sont indépendants les uns des autres.
Lorsque les portes coupe-feu isolent les paliers d'ascenseurs, elles peuvent s'ouvrir manuellement de part et d'autre ; les personnes qui seraient isolées sur ce palier sont averties du non-arrêt de l'ascenseur et invitées à gagner l'escalier.

16.3. Dispositions complémentaires relatives aux paliers de desserte

Aucune gaine technique ou conduit ne peut se trouver ou s'ouvrir dans les cages d'escaliers et leurs dispositifs d'accès, ni sur les paliers d'ascenseurs lorsque ceux-ci sont constitués par un dispositif d'intercommunication.
Ces dispositions ne sont pas applicables aux colonnes sèches ou en charge.
Une plaque signalétique bien visible rappelle la nécessité de laisser libre de tout obstacle le dégagement nécessaire au fonctionnement des portes coupe-feu à fermeture automatique.
Les dispositifs de fermeture des paliers de desserte, quand ils existent et les portes d'ascenseurs, ne doivent ni recouper ni rétrécir les circulations générales communes du compartiment.

16.4. Secours des cabines d'ascenseurs

Toutes les cabines doivent pouvoir, en cas de panne ou lors d'une mise hors service volontaire, être amenées à un niveau d'accès.
Chaque ascenseur, est placé dans une gaine spécifique.

16.5. Ascenseurs prioritaires

Les sapeurs-pompiers accèdent directement à chaque niveau de chaque compartiment non atteint ou menacé par l'incendie au moyen d'au moins un ascenseur à dispositif d'appel prioritaire conforme à la NF EN 81-72 (mai 2004).
La distance maximale à parcourir par les sapeurs-pompiers, depuis les voies définies au chapitre IV du présent cahier des charges pour atteindre les accès aux ascenseurs à dispositif d'appel prioritaire, est de 50 mètres.

XVII. — Moyens de secours contre l'incendie

17.1. Moyens d'extinction

Les tours de contrôle disposent des moyens d'extinction suivants :

17.1.1. Robinets d'incendie armés

Chaque niveau dispose d'un robinet d'incendie armé en DN 25/8.
Le nombre de robinets d'incendie armés et le choix de leurs emplacements sont tels que toute la surface des locaux est efficacement atteinte.
Dans tous les cas, la pression minimale au robinet d'arrêt du robinet d'incendie armé le plus défavorisé est de 4 bars en régime d'écoulement.

17.1.2. Colonnes sèches

Les tours de contrôle dont le plancher bas du dernier niveau est inférieur ou égal à 50 mètres, au sens de l'article R. 122-2 du code de la construction et de l'habitation, disposent d'au moins une colonne sèche installée conformément aux dispositions de l'article MS 18 du règlement de sécurité des établissements recevant du public, placée dans l'escalier principal d'évacuation.
Les colonnes sèches mises en place ont un diamètre nominal de 100 mm et comportent par niveau une prise simple de 65 mm et deux prises simples de 40 mm placées dans les dispositifs d'intercommunication.
Les raccords d'alimentation des colonnes sèches sont placés en un endroit facilement accessible aux sapeurs-pompiers et à moins de 60 mètres d'un poteau d'incendie.

17.1.3. Colonnes en charge

Les tours dont le plancher bas du dernier niveau est supérieur à 50 mètres, au sens de l'article R. 122-2 du code de la construction et de l'habitation, sont équipées d'au moins une colonne en charge placée dans l'escalier principal d'évacuation.
Chaque colonne en charge est installée de manière à ne pas être soumises au risque de gel et comporte, à chaque niveau, une prise simple de 65 mm et deux prises simples de 40 mm placées dans les dispositifs d'intercommunication.
Le dispositif d'alimentation de chaque colonne (surpresseur, pompe, etc.) assure en permanence à l'un quelconque des niveaux, pendant une heure, un débit de 1 000 litres/minute sous une pression statique comprise entre 7 bars et 9 bars.
La réserve est constituée de deux réservoirs de 30 mètres cubes. Si cette réserve n'est pas susceptible d'être réalimentée par les moyens propres de la tour, elle l'est par une colonne sèche de 100 mm.
La colonne en charge d'une tour est réalimentée à partir de deux orifices de 65 mm, dotés de vannes, placés au niveau d'accès des sapeurs-pompiers et à moins de 60 m d'une bouche ou d'un poteau d'incendie.
Les orifices de réalimentation et de refoulement sont signalés.

17.1.4. Extincteurs

Des extincteurs portatifs appropriés aux risques sont disposés bien en évidence, en des points toujours accessibles au personnel, leurs supports sont fixés solidement à une hauteur qui permette de les atteindre et de s'en saisir aisément. Il est recommandé de ne pas placer la poignée de portage à plus de 1,20 mètre du sol.
Les extincteurs sont placés de telle sorte que la distance à parcourir pour atteindre un extincteur soit inférieure à 15 mètres en tout point.

17.2. Système de sécurité incendie

Afin de permettre la découverte instantanée d'un sinistre naissant, un système de sécurité incendie de catégorie A est installé dans la tour avec éventuellement, un report d'alarme restreinte.

17.2.1. Installation

Ce système est conforme aux exigences de la section V du chapitre XI du titre II du livre II du règlement de sécurité des établissements recevant du public.
La détection automatique d'incendie est installée dans tous les locaux.
Les plénums et les planchers techniques, d'une hauteur supérieure à 0,80 mètre dans lesquels une charge calorifique et fumigène chemine, sont équipés de détection incendie.
Un coordinateur des systèmes de sécurité incendie est désigné lors de l'installation ou lors de toute transformation.

17.2.2. Fonctionnement

L'activation d'un quelconque détecteur de la tour entraîne sans temporisation :

  — l'information au tableau de signalisation et le report de l'alarme d'incendie ;
  — la fermeture des portes et clapets coupe-feu du compartiment sinistré ;
  — le désenfumage éventuel du local ou compartiment sinistré ;
  — la mise en surpression du ou des escalier(s) encloisonné(s) ;
  — le non-arrêt du ou des ascenseur(s) au niveau sinistré ;
  — le déclenchement du processus d'alarme générale dans le compartiment sinistré ; afin d'être en mesure de prendre les dispositions d'urgence nécessaires à la sécurité aérienne, cette alarme est du type « alarme restreinte » au niveau de la vigie.

Le responsable de la vigie alerte immédiatement les pompiers de l'aérodrome.
Si les pompiers de l'aérodrome peuvent arriver sur les lieux en moins de cinq minutes après le déclenchement de l'alarme, ils confirment au responsable de la vigie l'existence d'un sinistre et le renseignent sur sa localisation afin qu'il puisse prendre toutes les dispositions d'urgence nécessaires qui s'imposent pour la navigation aérienne.
Dans le cas contraire, un tableau de signalisation installé dans un local à usage de poste de sécurité situé dans le bloc technique en pied de tour, au niveau le plus proche du niveau d'accès des services de secours, est surveillé en permanence par un personnel qualifié, différent du personnel de garde d'intervention sur aéronef, qui a pour charge :

— d'exploiter l'alarme restreinte ;
— de débuter l'attaque du foyer ;
— d'organiser l'évacuation ;
— de prévenir et de guider les services publics de secours et de lutte contre l'incendie.

Le personnel de surveillance désigné est titulaire du diplôme d'agent de service de sécurité d'incendie et de d'assistance à personnes (SSIAP 1).

17.2.3. Maintenance

Le système de sécurité incendie est maintenu en bon état de fonctionnement. Cet entretien est assuré par un technicien compétent habilité par l'exploitant.
Le système fait l'objet d'un contrat d'entretien établi entre l'exploitant et l'entreprise désignée. Ce contrat précise, entre autre, les périodicités d'entretien ainsi que les modalités de dépannage d'urgence.

XVIII. — Obligations des propriétaires, des exploitants et des occupants

18.1. Vérifications

Les propriétaires, les constructeurs et les installateurs sont tenus, chacun en ce qui le concerne, de s'assurer, lors de la construction et des aménagements successifs, que les équipements au moment de leur mise en œuvre répondent au présent cahier des charges.
Les exploitants conservent les installations et équipements de sécurité en état fonctionnel.
A cette fin, ils font vérifier périodiquement par un organisme agréé ou un technicien compétent les équipements suivants :

Tous les 6 mois	Ascenseurs	Par un technicien compétent ou organisme agréé
Tous les ans	Electricité Eclairage Moyens d'extinction et systèmes de sécurité incendie Chauffage/ventilation/désenfumage (dont la fonctionnalité des clapets et volets coupe-feu) Paratonnerre	Par un technicien compétent ou organisme agréé
Tous les 3 ans	Système de sécurité incendie de catégorie « A »	Par un organisme agréé
Tous les 4 ans	Paratonnerre	Par un organisme agréé

Les organismes ou les techniciens établissent un rapport de vérification dans lequel est précisé la conformité ou la non-conformité des installations ou des équipements aux dispositions qui étaient applicables au moment de la construction ou de l'aménagement.
Ils annotent les dates de leurs vérifications sur le registre de maintenance.

18.2. Exercices, information des occupants

L'exploitant :

— organise au moins une fois tous les six mois pour l'ensemble du personnel occupant la tour de contrôle :
— un exercice d'évacuation,
— des séances destinées à familiariser les occupants avec l'emploi des moyens de secours ;
— établit et affiche les consignes d'incendie dans les circulations horizontales communes près des accès aux escaliers et aux ascenseurs ;
— informe les occupants des conditions dans lesquelles est assurée la protection contre l'incendie de l'immeuble et leur rappelle l'importance du respect des diverses dispositions de sécurité.

18.3. Travaux

Certains travaux de transformation, d'entretien et de nettoyage qui sont susceptibles d'entraîner une gêne dans l'évacuation des personnes ou de créer des dangers d'éclosion et d'extension du feu sont soumis à autorisation dans les cas suivants :

— si la gêne doit excéder quarante-huit heures ;
— si les travaux nécessitent l'introduction d'appareils utilisant des combustibles liquides, solides ou gazeux en quantité excédant 21 kg ;
— si les travaux, quelle qu'en soit la durée, sont susceptibles d'entraver l'intervention des sapeurs-pompiers.

La demande d'autorisation est présentée par l'exploitant un mois avant le début des travaux et précise éventuellement les conditions spéciales à observer après avis de la commission de sécurité. Une copie est transmise au centre de secours où l'immeuble est répertorié.

En cas d'urgence, les travaux sont réalisés immédiatement sous réserve qu'une déclaration mentionnant la nature des travaux entrepris et les mesures compensatrices prises est adressée à la commission consultative départementale de sécurité et d'accessibilité. Le centre de secours où la tour est répertoriée est immédiatement informé.

Des rondes sont effectuées après chaque évacuation de chantier.

Les travaux dangereux relèvent des dispositions prévues par l'arrêté du 19 mars 1993 pris en application de l'article R. 4512-7 du code du travail.

Dans le cas où la durée des travaux est supérieure à vingt-quatre heures, l'exploitant fait une demande d'autorisation auprès du représentant de l'Etat en indiquant les précautions retenues. Elle est déposée quinze jours avant le début des travaux.
Pour l'exécution des travaux par points chauds notamment des travaux de soudage oxyacéthylénique, un permis de feu est exigé.

Lorsque les travaux par points chauds n'entraînent pas de demande d'autorisation précitée, les dispositions suivantes sont prises :

— autorisation signée par l'exploitant et visée par les ouvriers rappelant les précautions à prendre

;
— inspection des lieux après le travail.

18.4. Interdictions diverses

Il est interdit aux propriétaires, aux occupants et aux exploitants de :

— déposer des objets ou matériels dans les dégagements communs ;
— procéder à tous travaux ou modifications susceptibles de diminuer les qualités de réaction et de résistance au feu imposées par le présent cahier des charges (plancher, plafond, portes, etc.).

INSTRUCTION TECHNIQUE RELATIVE AU DÉSENFUMAGE DANS LES IMMEUBLES DE GRANDE HAUTEUR

1. Objet

L'article R. 122.9 du code de la construction et de l'habitation et l'article GH 25 du présent arrêté précisent que dans les immeubles de grande hauteur les compartiments voisins et les escaliers sont protégés de l'envahissement des fumées par un dispositif d'intercommunication avec le compartiment sinistré coupe-feu de degré deux heures ou EI 120. Ce même dispositif permet l'élimination rapide des fumées introduites lorsqu'il est utilisé pour un passage continu et prolongé de personnes.
En outre, l'article GH 28 prévoit que les circulations horizontales communes et les locaux collectifs d'une superficie supérieure à 300 m² sont désenfumés.

Ces prescriptions permettent de fixer les trois objectifs de la présente instruction :

> — permettre aux occupants du compartiment sinistré de l'évacuer rapidement et de pouvoir gagner un espace protégé dans les meilleurs délais, sans être incommodés par les fumées et sans que celles-ci sortent de ce compartiment ;
> — empêcher l'introduction de fumée dans les escaliers et les compartiments voisins, quels que soient l'évolution du sinistre et les incidents ultérieurs affectant le système de désenfumage ;
> — permettre aux équipes de secours de repérer rapidement les foyers d'incendie et de procéder à leur extinction sans être gênés par l'opacité de la fumée.

2. Principes

La présente instruction indique les conditions à remplir et les résultats à obtenir par les deux systèmes de désenfumage définis ci-après pour que les objectifs définis au § 1 soient atteints :

2.1. Solution A

Soufflage dans l'escalier.
Soufflage et extraction dans les dispositifs d'intercommunication.
Soufflage et extraction dans la circulation horizontale commune.

2.2. Solution B

Soufflage dans l'escalier.
Soufflage dans les dispositifs d'intercommunication.
Passage de l'air entre les dispositifs d'intercommunication et la circulation horizontale commune au travers d'une bouche de transfert.
Extraction et soufflage éventuel dans la circulation horizontale commune.
Ces deux systèmes peuvent cohabiter au sein d'un même compartiment (solution A + B).
Les dispositions de cette instruction n'excluent pas la possibilité de mettre en œuvre d'autres systèmes de désenfumage, sous réserve qu'ils aient reçu un avis favorable de la commission de sécurité.

3. Dispositions communes aux deux systèmes

3.1. Caractéristiques des équipements de désenfumage

Les immeubles de grande hauteur sont équipés d'un système de sécurité incendie de catégorie A, option I.GH

Le désenfumage est commandé automatiquement par la détection incendie installée dans les circulations horizontales communes. Cette commande automatique est doublée par la commande manuelle de l'unité de commande manuelle centralisée (UCMC) du centralisateur de mise en sécurité incendie (CMSI).

La commande automatique des dispositifs de désenfumage des autres compartiments de l'immeuble desservis par le même réseau de désenfumage est neutralisée tant que n'a pas disparu la cause ayant provoqué la mise en route initiale (cf. GH 49 § 7.).

Toutefois, le désenfumage des autres parties de l'immeuble doit pouvoir être commandé manuellement à partir de l'UCMC.

3.2 Caractéristiques des bouches d'amenée d'air, des bouches d'extraction de fumée, des volets de désenfumage des circulations horizontales communes

Les bouches d'amenée d'air ont leur partie supérieure à un mètre au plus au-dessus du plancher ; elles sont de préférence implantées à proximité des portes d'accès aux dispositifs d'intercommunication et sont équipées de volets pare-flammes de degré une heure ou E 60, fermés en position d'attente.

Les bouches d'extraction de fumée ont leur partie basse à 1,80 mètre au moins au-dessus du plancher et sont situées en totalité dans le tiers supérieur de la circulation.

Le débouché de chaque conduit vertical d'extraction dans le compartiment est équipé d'un volet coupe-feu de degré deux heures ou EI 120 (i o), fermé en position d'attente.

Les volets sont installés au droit des parois ou éléments fixes et coupe-feu de la construction.

Les fabricants indiquent pour chaque type de volet les débits de fuite correspondant à chaque valeur de la dépression à laquelle ces appareils peuvent être soumis.

Dans les circulations horizontales communes, la distance maximale entre deux bouches d'extraction de fumée, ou entre une bouche d'extraction de fumée et une bouche d'amenée d'air est de 10 mètres si le parcours est rectiligne, 7 mètres dans le cas contraire.

Si des conduits horizontaux desservent les différentes bouches d'extraction de fumée, ils :

> — sont réalisés en matériaux de catégorie M0 ou A2-s2, d0 et sont stables au feu de degré un quart d'heure ou R 15 ;
> — permettent l'accès au volet du ou des conduits verticaux d'extraction ;
> — ne dépassent pas une longueur de 20 mètres à partir du conduit vertical ;
> — assurent à chaque bouche un débit égal, à 10 % près.

Les distances maximales définies ci-dessus sont valables dans le cas de plafond sans obstacle. Elles sont diminuées dans le cas contraire.

Dans les zones en cul-de-sac, la distance maximale entre une bouche d'extraction de fumée ou de soufflage et la porte d'un local est de 5 mètres.

3.3. Caractéristiques des conduits de soufflage et d'extraction

Les conduits sont réalisés en matériaux de catégorie M0 ou A2-s2, d0 et sont stables au feu de degré un quart heure. Les conduits d'amenée d'air sont des conduits de ventilation et assurent un coupe-feu de traversée de degré 120 minutes ou EI 120.
Par contre, les conduits d'évacuation de fumée sont des conduits de désenfumage et essayés avec un feu intérieur. Leur degré de résistance au feu assure un coupe-feu d'une durée de deux heures ou EI 120.
Ces exigences peuvent être assurées par la gaine dans laquelle ils sont placés, à condition qu'ils soient seuls dans cette gaine et que celle-ci présente un degré coupe-feu d'une durée de deux heures ou EI 120.
De plus, ils présentent une étanchéité satisfaisante à l'air. A cet effet, leur débit de fuite total est inférieur à 20 % du débit exigé au niveau le plus défavorisé.
Le réseau de désenfumage des circulations horizontales communes comprend au minimum deux conduits d'extraction.

3.4. Caractéristiques des ventilateurs

Chacun des conduits visé au § précédent est équipé d'un ventilateur qui lui est propre ; il en est de même pour les escaliers.
Les ventilateurs de soufflage et d'extraction sont dimensionnés en fonction des caractéristiques du réseau desservi et pour un débit au moins égal au débit nominal augmenté d'un débit de fuite tolérable d'environ 20 %.
Les ventilateurs sont commandés par un coffret de relayage.
Les ventilateurs d'extraction sont classés F400 120.
La liaison entre le ventilateur d'extraction et le conduit est en matériau de catégorie M0 ou A2-s2, d0.
Ces deux dernières exigences ne concernent pas les ventilateurs de soufflage.
L'état ouvert ou fermé du sectionneur des ventilateurs est reporté au poste central de sécurité incendie sur l'unité de signalisation du centralisateur de mise en sécurité incendie. Cette exigence est assurée par le coffret de relayage.
Les canalisations électriques alimentant les ventilateurs de désenfumage répondent aux dispositions de l'article GH 44.
Les ventilateurs d'extraction sont installés, soit à l'extérieur du bâtiment, soit dans un local technique séparé des volumes adjacents par des parois coupe-feu de degré une heure ou REI 60. La porte d'accès est coupe-feu de degré une demi-heure et équipée d'un ferme-porte ou EI 30 - C. La ventilation du local est compatible avec le fonctionnement des différents matériels installés dans ce local.
Toutes dispositions sont prises pour que les fumées évacuées vers l'extérieur ne puissent être reprises par les ventilateurs de soufflage, quelle que soit l'orientation du vent.

3.5. Mise en route des ventilateurs

La mise en route de l'ensemble des ventilateurs s'effectue avec une temporisation maximale de 30 secondes afin de permettre le fonctionnement des dispositifs actionnés de sécurité (volets, portes, clapets, trappes à fermeture automatique) assurant le désenfumage et le compartimentage de la zone concernée.

3.6. Mise à l'arrêt des ventilateurs
(processus de mise en sécurité actionné)

Chaque ventilateur de désenfumage est mis à l'arrêt et remis en service (commande sapeurs-pompiers) depuis l'endroit où se trouve sa commande manuelle de mise en sécurité. Cette fonction n'est obtenue qu'au niveau d'accès 2 au sens de la norme NF S 61-931 avril 2004 et est signalée en tant qu'anomalie sur l'unité de signalisation.

3.7. Réarmement des coffrets de relayage

Le réarmement des coffrets de relayage des ventilateurs de désenfumage est réalisé au niveau d'accès 2 soit depuis le poste central de sécurité incendie soit depuis le local technique où sont implantés ces coffrets de relayage ou les ventilateurs.

4. Dispositions spécifiques à chaque système

4.1. Solution A

Les bouches d'amenée d'air des dispositifs d'intercommunication ont leur bord supérieur à 1 mètre au plus au-dessus du plancher.
Les bouches d'extraction de fumée des dispositifs d'intercommunication ont leur partie basse à 1,80 mètre au moins au-dessus du plancher et sont situées en totalité dans le tiers supérieur du dispositif.
Les bouches d'amenée d'air et d'extraction de fumée des dispositifs d'intercommunication sont équipées de volets pare-flammes de degré une heure ou E 60, fermés en position d'attente.
Les débits d'amenée d'air et d'extraction de fumée dans les dispositifs d'intercommunication sont au minimum de 0, 20 mètre-cube par seconde par mètre-carré de surface de ces derniers. Les dispositifs d'intercommunication devant toujours être en surpression par rapport à la circulation horizontale commune, le débit d'amenée d'air est légèrement supérieur au débit d'extraction de fumée.

4.2. Solution B

Les bouches d'amenée d'air des dispositifs d'intercommunication ont leur bord inférieur à une hauteur minimale de 1,80 mètre du plancher. Elles sont équipées de volets pare-flammes de degré une heure ou E 60, fermés en position d'attente.
Les bouches de transfert permettant le passage d'air entre le dispositif d'intercommunication et la circulation horizontale commune ont leur bord supérieur à une hauteur maximale de 0,70 mètre du plancher et une surface minimale de 20 dm². Elles sont équipées de volets de transfert pare-flamme de degré une heure ou E 60, ouverts en position d'attente et de fonctionnement.
De plus, des déclencheurs thermiques sont installés en partie haute des baies des volets qu'ils commandent et situés côté compartiment. Tout défaut de position d'attente de ce volet est signalé sur l'unité de signalisation du système de mise en sécurité incendie dans la fonction désenfumage.

5. Calculs et mesures

5.1. Conditions à respecter

Tous les calculs sont faits en considérant que l'air est dans les conditions normales :
— température : 20 °C ;
— masse volumique : 1,2 kg/m³.
Les calculs de désenfumage des circulations horizontales communes sont faits sur la base du compartiment. Dans le cas où ce compartiment est constitué de plusieurs niveaux, les calculs sont faits pour la totalité des niveaux, mais la mise en route du désenfumage se fait par niveau dans les conditions précisées à l'article GH 49.
Les calculs et mesures ne sont pas réalisés dans les portes des escaliers situées au niveau le plus élevé d'accès des piétons.

5.2. Calculs

Le calcul des caractéristiques de l'installation permet d'obtenir dans chaque compartiment une différence entre les pressions relatives des escaliers et de la circulation horizontale commune comprise entre 20 pascals (valeur minimale pour empêcher le passage des fumées vers l'escalier) et 80 pascals (valeur maximale pour pouvoir ouvrir les portes des dispositifs d'intercommunication). Ces calculs sont effectués en considérant les portes fermées et en tenant compte de la perméabilité de la construction et des conduits. Dans tous les cas, les différences entre les pressions relatives des escaliers et des dispositifs d'intercommunication, d'une part, et des dispositifs d'intercommunication et des circulations horizontales communes d'autre part, ne sont pas supérieures à 80 pascals.
Les débits d'amenée d'air dans la circulation horizontale commune sont au minimum de 1 mètre cube par seconde par bouche avec une vitesse ne dépassant pas 5 mètres par seconde.
Par ailleurs, pour chaque compartiment, les ventilateurs d'extraction sont dimensionnés afin que la somme calculée des débit potentiels d'extraction soit au moins égale à 1, 3 fois la somme calculée des débits potentiels de soufflage des ventilateurs d'amenée d'air (débit provenant des escaliers, des dispositifs d'intercommunication et des différentes bouches). Ce débit est équi-réparti, à 10 % près, entre les différentes bouches d'extraction ; il n'est pas inférieur à 1 mètre cube par seconde et par bouche.
Les débits d'amenée d'air et d'extraction permettent d'obtenir, les portes des dispositifs d'intercommunication avec les escaliers étant ouvertes, les vitesses moyennes de passage d'air minimales suivantes (ces mesures étant effectuées dans l'encadrement des portes du niveau concerné, toutes les autres portes des escaliers devant être fermées) :

SOLUTION	ESCALIER/DISPOSITIF D'INTERCOMMUNICATION	DISPOSITIF D'INTERCOMMUNICATION/COULOIR
A	0,5 m/s	0,5 m/s
B	0,5 m/s	1 m/s

En dérogation, lorsque les portes des dispositifs d'intercommunication sont d'une largeur de deux unités de passage, les valeurs de 0,5 m/s et de 1 m/s sont ramenées respectivement à 0,3 m/s et 0,6 m/s.

5.3. Mesures de pression et de débit

Les mesures des différences de pressions sont effectuées avec tous les volets en position normale de fonctionnement, les portes des dispositifs d'intercommunication étant fermées.
La mesure des débits est effectuée indépendamment pour chacune des bouches de la circulation horizontale commune, les portes de communication entre compartiments et escaliers étant ouvertes. Toutes les autres portes des escaliers sont fermées.
Le rapport entre le débit total mesuré d'extraction et le débit total mesuré d'amenée d'air est toujours supérieur à 1.

ANNEXE
SCHÉMAS DÉSENFUMAGE

Vous pouvez consulter le tableau dans le
JOn° 15 du 18/01/2012 texte numéro 19

Figure 1a : implantation des bouches d'amenée d'air et d'extraction dans les circulations horizontales rectilignes.

Vous pouvez consulter le tableau dans le
JOn° 15 du 18/01/2012 texte numéro 19

Figure 1b : implantation des bouches d'amenée d'air et d'extraction dans les circulations horizontales non rectilignes.

Vous pouvez consulter le tableau dans le
JOn° 15 du 18/01/2012 texte numéro 19

Figure 1c : implantation des bouches d'amenée d'air et d'extraction dans les circulations horizontales en cul-de-sac.

Vous pouvez consulter le tableau dans le
JOn° 15 du 18/01/2012 texte numéro 19

Figure 1d : implantation des bouches d'amenée d'air et d'extraction dans les circulations horizontales, extraction par traînasse en plafond.

Vous pouvez consulter le tableau dans le
JOn° 15 du 18/01/2012 texte numéro 19

Figure 2a : solution A. — Principales caractéristiques.

Vous pouvez consulter le tableau dans le
JOn° 15 du 18/01/2012 texte numéro 19

Figure 2b : Solution A. — Coupe circulation horizontale commune.

Vous pouvez consulter le tableau dans le
JOn° 15 du 18/01/2012 texte numéro 19

Figure 2c : Solution A. — Coupe dispositif d'intercommunication.

Vous pouvez consulter le tableau dans le
JOn° 15 du 18/01/2012 texte numéro 19

Figure 2d : Solution A. — Emplacement des ventilateurs.

Vous pouvez consulter le tableau dans le
JOn° 15 du 18/01/2012 texte numéro 19

Figure 3a : Solution B. — Principales caractéristiques.

Vous pouvez consulter le tableau dans le
JOn° 15 du 18/01/2012 texte numéro 19

Figure 3b : Solution B. — Coupe circulation horizontale commune et dispositif d'intercommunication.

Vous pouvez consulter le tableau dans le
JOn° 15 du 18/01/2012 texte numéro 19

Figure 3c : Solution B. — Emplacement des ventilateurs.

INSTRUCTION TECHNIQUE RELATIVE À L'ÉVALUATION DE LA CHARGE CALORIFIQUE DANS LES IMMEUBLES DE GRANDE HAUTEUR

La présente instruction a pour but de préciser les règles d'exécution de l'évaluation de la charge calorifique prévue par les articles GH 5 et GH 61 du présent arrêté et d'en commenter certains articles :

Article 1er
Objectif de l'évaluation

L'évaluation a pour objectif de déterminer la charge calorifique des éléments mobiliers et des éléments d'aménagement des parties privatives ou communes d'un immeuble de grande hauteur. Cette valeur est ensuite à comparer aux valeurs maximales admises par la réglementation.

Article 2
Terminologie

En complément des définitions données par l'article GH 3, les terminologies suivantes sont à retenir :
Pouvoir calorifique d'un matériau combustible : dégagement calorifique en MJ d'un kilogramme de matériau lors de sa combustion complète. Cette valeur est exprimée en MJ/kg.
Charge calorifique volumique : pour des raisons d'application pratique, la charge calorifique volumique est la charge calorifique d'un matériau, produit ou système, par unité de volume de celui-ci. Elle est exprimée en MJ/m³.
Surface de référence d'un local : la surface est déterminée entre les parois verticales et le nu intérieur des façades. Elle comprend les surfaces occupées par les aménagements fixes (placards, habillages décoratifs, etc.).

Article 3
Eléments concernés par l'évaluation

Les éléments à prendre en compte pour l'évaluation du potentiel calorifique sont :
— les éléments mobiliers ;
— les éléments d'aménagements intérieurs combustibles non pris en compte dans le cadre des articles GH13 et GH 16 (revêtements de sol, faux planchers, cloisons mobiles, revêtements des parois latérales, faux plafonds, stores intérieurs, stores...).
Sont exclus :
— les éléments de construction qu'ils soient mis en œuvre à la construction et à l'occasion de réaménagements lorsqu'ils sont pris en compte dans le cadre de l'article GH 16, tels que les portes des éléments de rangement, les éléments d'occultation, faux planchers, faux plafonds, cloisons mobiles ainsi

que les installations ou aménagements techniques fixes ;
— les éléments mobiliers ou d'aménagements intérieurs de catégorie M0 ou classés A1 ou A2 en réaction au feu.

Article 4
Documents à fournir

Les documents suivants sont à fournir par le demandeur :
— plans comportant le repérage des limites de compartiments et de leurs recoupements, les indications de la résistance au feu des parois verticales et des surfaces de référence ;
— la justification de la charge calorifique définie à l'article GH 16 avec la liste des différents éléments pris en compte ;
— tout autre document pouvant être utile à l'évaluation.

Article 5
Méthode d'inventaire des éléments pris en compte

L'inventaire prend en compte, sauf précisions particulières, les seuls éléments définis à l'article 3 et présents lors de l'évaluation.

Article 6
Méthode d'évaluation

L'évaluation concerne, pour le mobilier et les éléments d'aménagement, la charge calorifique du contenant et du contenu.
Il peut être admis d'estimer la charge calorifique du contenu à la charge maximale en particulier lorsque l'examen visuel n'est pas possible.

Calcul de la charge calorifique :

1ère étape : l'évaluation de la charge calorifique de chaque élément mobilier est établie par l'une ou plusieurs des méthodes suivantes :
— suivant les référentiels prédéfinis en annexes 1 et 2 ;
— à partir des justificatifs fournis par le fabricant ;
— en déterminant les produits de la charge calorifique par le poids ou par le volume de chaque matériau :
— charge calorifique (MJ) = pouvoir calorifique (MJ/kg) × poids (kg) ;
— charge calorifique (MJ) = pouvoir calorifique (MJ/m³) × volume (m³).

2ème étape : l'évaluation de la charge calorifique dans un local ou un volume d'un compartiment est définie en additionnant les charges calorifiques de chaque élément mobilier qui s'y trouve.

3ème étape : lorsqu'il existe un local spécifiquement aménagé suivant GH 61 § 3, sa charge calorifique est rapportée à l'unité de surface considérée (MJ/m²) puis comparée aux valeurs autorisées.

4ème étape : la charge calorifique du compartiment est la somme des charges calorifiques des volumes et locaux le composant, excepté les locaux spécifiquement aménagés suivant GH 61 § 3, divisée par la surface considérée (MJ/m²). Le résultat de la valeur obtenue est ensuite comparé aux valeurs autorisées.

ANNEXE 1
GRILLE DE RÉFÉRENCE PAR MATÉRIAU DE BASE

LIBELLÉ DES MATÉRIAUX	MÉGAJOULES
ABS (plastique) (1 kg)	36
Bois (1 kg)	17
Bois (1 dm³)	12,7
Caoutchouc (1 kg)	36
Polycarbonate (1 kg)	29

Cuir (1 kg)	18
Plexiglas (1 kg)	24
Revêtement de sol en PVC (1 kg)	20,5
Revêtement de sol en PVC (1 m² épaisseur 1,8 mm)	61,5
Dossier en mètre linéaire	255 à 300
Armoire électrique (1 m³)	500

A N N E X E 2
GRILLE DE RÉFÉRENCE DES VALEURS MOBILIÈRES

Ces valeurs ne peuvent être utilisées que pour le mobilier correspondant à la description.

LIBELLÉ DU MOBILIER	MÉGAJOULES
Bureau 120 × 60 simple placage	33
Bureau 120 × 60 épaisseur 16 mm	134
Bureau 120 × 60 épaisseur 22 mm	167
Bureau 120 × 60 épaisseur 30 mm	201
Bureau 120 × 60 tout bois 1 bloc tiroir	586
Bureau 160 × 80 simple placage	50
Bureau 160 × 80 épaisseur 16 mm	234
Bureau 160 × 80 épaisseur 22 mm	318
Bureau 160 × 80 épaisseur 30 mm	368
Bureau 160 × 80 tout bois 1 bloc tiroir	837
Bureau 160 × 80 tout bois 2 bloc tiroir	1 004
Bureau 200 × 100 simple placage	67
Bureau 200 × 100 épaisseur 16 mm	352
Bureau 200 × 100 épaisseur 22 mm	485
Bureau 200 × 100 épaisseur 30 mm	670
Bureau 200 × 100 tout bois 1 bloc tiroir	1 507
Bureau 200 × 100 tout bois 2 bloc tiroir	1 758
Bureau divers	A estimer par le vérificateur
table 40 × 50 simple placage	17

table 40 × 50 épaisseur 16 mm	33	Table 80 × 180 simple placage	50
table 40 × 50 épaisseur 22 mm	50	Table 80 × 180 épaisseur 16 mm	251
table 40 × 50 épaisseur 30 mm	67	Table 80 × 180 épaisseur 22 mm	352
Table 60 × 120 simple placage	33	Table 80 × 180 épaisseur 30 mm	485
Table 60 × 120 épaisseur 16 mm	134	Table 100 × 200 simple placage	67
Table 60 × 120 épaisseur 22 mm	167	Table 100 × 200 épaisseur 16 mm	352
Table 60 × 120 épaisseur 30 mm	234	Table 100 × 200 épaisseur 22 mm	485
Table 80 × 140 simple placage	50	Table 100 × 200 épaisseur 30 mm	670
Table 80 × 140 épaisseur 16 mm	201	Table trapèze (60 × 120)x80 épaisseur 16 mm	117
Table 80 × 140 épaisseur 22 mm	268	Table trapèze (60 × 120)x80 épaisseur 22 mm	167
Table 80 × 140 épaisseur 30 mm	368	Table ronde diamètre 80 épaisseur 16 mm	84

Table ronde diamètre 80 épaisseur 22 mm	117	Table divers	A estimer par le vérificateur
Table ronde diamètre 80 épaisseur 30 mm	167	Caisson mobile plateau bois 70 × 43 épaisseur 22 mm	84
Table ronde diamètre 100 épaisseur 16 mm	134	Caisson mobile tout bois	419
Table ronde diamètre 100 épaisseur 22 mm	184	Caisson métallique	Contenu à estimer par le vérificateur
Table ronde diamètre 100 épaisseur 30 mm	268	Caisson mobile divers	A estimer par le vérificateur
Table ronde diamètre 120 épaisseur 16 mm	201	Chaise simple	67
Table ronde diamètre 120 épaisseur 22 mm	268	Fauteuil simple	117
Table ronde diamètre 120 épaisseur 30 mm	385	Siège avec coque ABS	167
Table ronde diamètre 140 épaisseur 16 mm	268	Fauteuil direction	201
Table ronde diamètre 140 épaisseur 22 mm	368	Chauffeuse	201
Table ronde diamètre 140 épaisseur 30 mm	519	Siège divers	A estimer par le vérificateur
		Etagère métallique	Contenu A estimer par le vérificateur
			A estimer par le

Etagère divers	vérificateur
Armoire bois 1 module (60 × 180)	971
Armoire bois 2 modules	1 423
Armoire bois 3 modules	2 310
Armoire bois 4 modules	3 164
Armoire métallique	Contenu à estimer par le vérificateur
Armoire divers	A estimer par le vérificateur
Placard bois (L 80 × H 80 × P 50) épaisseur 22 mm	703
Placard bois (L 120 × H 80 × P 50) épaisseur 22 mm	1 055
placard bois (L 160 × H 80 × P 50) épaisseur 22 mm	1 423
Placard métallique	Contenu à estimer par le vérificateur
Placard divers	A estimer par le vérificateur

1 mètre linéaire de papier format A4	670
Ramette A4 (80 gr) 500 feuilles	41
Téléphone	33
Minitel	50
Terminal écran clavier	134
Imprimante petit modèle/fax	84
Imprimante grand modèle	301
Photocopieur petit modèle/papier compris	134
Photocopieur moyen modèle/papier compris	251
Photocopieur grand modèle/papier compris	419
Réfrigérateur petit modèle	100
Réfrigérateur grand modèle	201

Placard sous évier 2 portes	904
Placard sous évier 3 portes	1 172
Téléviseur 40 cm	100
Téléviseur 55 cm	151
Téléviseur 70 cm	201
Téléviseur 90 cm	268
Corbeille courrier plastique	17
Corbeille papier plastique (petite)	33
Corbeille papier plastique (grande)	84
Cassette VHS/informatique	15
Bande informatique petit modèle	17
Bande informatique grand modèle	84
Dalle de faux plancher informatique	

Divers mobilier	A estimer par le vérificateur
Lit médical	419
Lit de 90 préparé (matelas, oreiller, draps, couverture)	636
Matelas 90 × 200	502
Matelas 70 × 140	201
Matelas 140 × 200	770
Drap	17
Couverture	67
Traversin/oreiller	17
Taie d'oreiller (5 pièces)	17
Alèse (2 pièces)	17
Tapis de bain (2 pièces)	17
Drap de bain	84

Serviettes (4 pièces)	17
Gants de toilette (10 pièces)	17
Boîtes de mouchoirs (10	33

pièces)	
Papier hygiénique (10 pièces)	33

Fait le 30 décembre 2011.

Le ministre de l'intérieur,

de l'outre-mer, des collectivités territoriales

et de l'immigration,

Pour le ministre et par délégation :

Le directeur général

de la sécurité civile

et de la gestion des crises,

J.-P. Kihl

La ministre de l'écologie,

du développement durable,

des transports et du logement,

Pour la ministre et par délégation :

Le directeur de l'habitat,

de l'urbanisme et des paysages,

E. Crépon

Le garde des sceaux,

ministre de la justice et des libertés,

Pour le ministre et par délégation :

Le directeur des affaires civiles

et du sceau,

L. Vallée

Le ministre de l'économie,

des finances et de l'industrie,

Pour le ministre et par délégation :

Le directeur général de la compétitivité,

de l'industrie et des services,

L. Rousseau

Le ministre du travail,

de l'emploi et de la santé,

Pour le ministre et par délégation :

Le directeur général du travail,

J.-D. Combrexelle

Le ministre de l'enseignement supérieur

et de la recherche,

Pour le ministre et par délégation :

Le directeur général

pour l'enseignement supérieur

et l'insertion professionnelle,

P. Hetzel

Le ministre de la culture

et de la communication,

Pour le ministre et par délégation :

Le directeur général des patrimoines,

P. Belaval

Le secrétaire d'Etat

auprès de la ministre de l'écologie,

du développement durable,

des transports et du logement,

chargé du logement,

Pour le secrétaire d'Etat

et par délégation :

Le directeur de l'habitat,

de l'urbanisme et des paysages,

E. Crépon

…/…

INDEX

www.ingramcontent.com/pod-product-compliance
Lightning Source LLC
Chambersburg PA
CBHW080917170526
45158CB00008B/2138